D1665448

PAMELA SCHMATZ

LUST AUF NIEDERÖSTERREICH/1

Ein Reisebuch für Anspruchsvolle

Krems. Wachau. Waldviertel. Kamptal. Wagram. Traisental.

VORAB.

Dieses Buch ist ein persönlicher Raritäten-Mix. Sechs unterschiedliche Regionen rund um die Stadt Krems an der Donau hat sich die Autorin Pamela Schmatz ausgesucht für LUST AUF NIEDERÖSTERREICH[1].
Das Buch lebt den *Mut zur Lücke.* Es ist eine individuelle Auswahl für Menschen, die gerne entdecken. Für Reisende, die echten Geschmack suchen. Für Neugierige, die den Blick für Details haben.

Achtung: Es kann natürlich sein, dass sich Dinge ändern. Deshalb findet ihr bei jedem Tipp die Webadresse, um nachschauen zu können.

STADT. LAND. LOS!

Kennt ihr diesen Moment, wenn ihr etwas Neues entdeckt? Ein Geschäft. Ein uriges Wirtshaus. Die Freude, die dann den Bauch hinaufkrabbelt bis man laut schreien mag: Wow, das gibt's nur hier! Solche Momente findet ihr in Niederösterreich zuhauf. Kleine Städte. Tiefstes Land. Und natürlich besondere Menschen, die diese Orte ausmachen. Kommt mit auf eine Reise durch sechs spannende Regionen. Es gibt viel zu entdecken. Lust auf Niederösterreich!

Pamela Schmatz
Autorin

Was haben Pamela Schmatz und meine Großmutter Deborah gemeinsam? Die Liebe zu Niederösterreich – von der auch ich seit früher Kindheit infiziert bin. Mit der geliebten Oma war ich zum ersten Mal auf Sommerfrische in Küb. Umgeben von saftigen Blumenwiesen, gemütlichen Kühen und der vorbeibrausenden Südbahn. Auf der Holzveranda genehmigte ich mit meinem Pfeiferl jedem Zug die Weiterfahrt… Und heute freue ich mich mit Pamela auf unser erstes gemeinsames Buch. Über ein Land, in dem mir als Wiener die Menschen immer das Gefühl gegeben haben, auch hier zu Hause sein zu dürfen. Wo ständig ein Fest der Sinne gefeiert wird. Nicht nur in meinem Lieblingswirtshaus – bei Gerti und Pepi Sodoma in Tulln.

Michael Horowitz
Herausgeber

ÜBERSICHT

1. KREMS

Lebens- und liebens-
werter Tausendsassa.

2. WACHAU

Der Star im
neuen Licht.

3. WALDVIERTEL

Hier kann man noch
Schätze ausgraben!

4. KAMPTAL

So viel Genuss
rund um Langenlois.

S. 162–203

5. TULLN UND
DER WAGRAM

Eine Region
im Aufwind.

S. 204–241

6. ST. PÖLTEN UND
DAS TRAISENTAL

Von der Riedenwanderung
bis zur Hüttengaudi.

S. 242–287

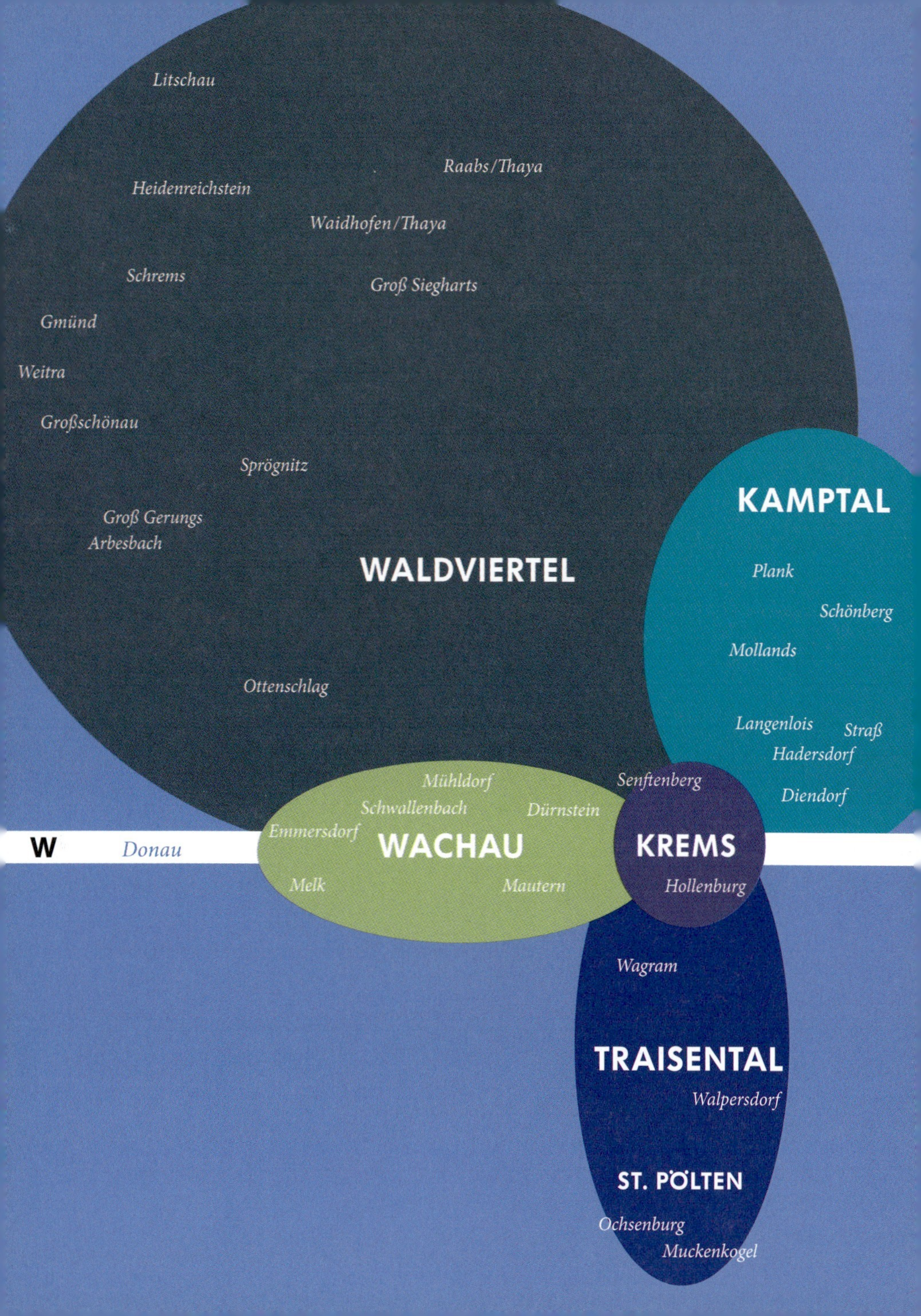

Litschau

Raabs/Thaya

Heidenreichstein

Waidhofen/Thaya

Schrems

Groß Siegharts

Gmünd

Weitra

Großschönau

Sprögnitz

Groß Gerungs
Arbesbach

WALDVIERTEL

KAMPTAL

Plank

Schönberg

Mollands

Langenlois   Straß
Hadersdorf

Diendorf

Ottenschlag

Mühldorf
Schwallenbach   Dürnstein   Senftenberg

Emmersdorf
W   *Donau*   # WACHAU   # KREMS

Melk   Mautern   Hollenburg

Wagram

TRAISENTAL

Walpersdorf

ST. PÖLTEN

Ochsenburg

Muckenkogel

ORIENTIERUNG

Hier ein grober Überblick über die sechs Regionen im Buch. Mit dem Zug kann man sehr gut zwischen Wien und Krems fahren. Umsteigemöglichkeit gibt es in Hadersdorf Richtung Kamptal. In Kirchberg am Wagram hält auch jeder Zug auf der Strecke, in Tulln die meisten. St. Pölten ist sowohl von Krems als auch von Wien aus mit der Bahn gut erreichbar.

WAGRAM

Großriedenthal

Absberg

Kirchberg

Sachsendorf

TULLN

Riederberg

WIEN

Donau

ENTFERNUNGEN FÜR AUTOFAHRER

Krems-Wien: ca. 75 km
St. Pölten-Wien: ca. 65 km
Krems-St. Pölten: ca. 35 km
Krems-Waidhofen: ca. 70 km

MUND AUF.

Niederösterreich lernt ihr am besten kennen, wenn ihr mit den Niederösterreichern und Niederösterreicherinnen redet.

Also, nur Mut: Sprecht die Leute an und fragt sie. Die meisten Geschichten gibt's erst nach wiederholtem Nachfragen. Dafür die besten!

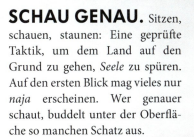

SCHAU GENAU. Sitzen, schauen, staunen: Eine geprüfte Taktik, um dem Land auf den Grund zu gehen, *Seele* zu spüren. Auf den ersten Blick mag vieles nur *naja* erscheinen. Wer genauer schaut, buddelt unter der Oberfläche so manchen Schatz aus.

SO FUNKTIONIERT NIEDERÖSTERREICH

WENIGER IST MEHR. Bloß nicht zu viel! Sucht euch ein paar wenige Adressen aus und plant viel Zeit ein. Niederösterreich entdeckt man nicht im Vorbeirauschen. Die schönsten Entdeckungen passieren im Detail.

RUND UM KREMS

KREMS, DU BEAUTY.

Die Stadt der schönen und kurzen Wege. Alte Mauern, schiefes Kopfsteinpflaster. Hier kann man sich alles erbummeln. Die Dinge des täglichen Lebens: Einkaufen beim Bäcker, Fleischhauer, den Blumenhändlerinnen. Aber auch die vielen Kultur- und Genuss-Adressen der Stadt lassen sich gut zu Fuß oder mit dem Rad erreichen. Da sausen Studierende vom **Campus** Richtung Innenstadt. Vielleicht in die **Kremser Landstraße** oder Richtung **Dreifaltigkeitsplatz,** dort wo sich das Leben abspielt, besonders am Samstag Vormittag. Dann sitzen Hofräte neben Geschäftsfrauen, Schülerinnen neben Pensionisten und alle beobachten das bunte Treiben. Was es heute wieder Neues gibt?

Für den Stadtspaziergang gibt's auch eine Gratis-App

Android   Mac OS X

EIN BISSERL SÜDEN. GANZ VIEL GENUSS.

Besonders in den Sommermonaten fühlt sich Krems nach Süden an. Nach Urlaub. Am besten sucht man sich eine schöne Ecke in der Altstadt oder an der Donau und schaut. Ein Glas Wein dazu? Den gibt's in Krems natürlich auch! Kräfte sammeln für die nächsten Entdeckungen – Kunst, Lokale, Geschäfte. Oder doch lieber ins Grüne? Das ist in Krems auch gleich ums Eck.

DER MARKT. DIE SEELE EINER STADT.

Markt am Pfarrplatz
jeden Freitag und Samstag
Vormittag

Bauernmarkt
am Dreifaltigkeitsplatz
jeden Freitag Vormittag

Flohmarkt
am Dreifaltigkeitsplatz
jeden 1. Samstag im Monat

Ein Markt ist wie das Herz einer Stadt. Gut, dass Krems gleich mehrere davon hat. Absoluter Klassiker ist der am Freitag und Samstag am Pfarrplatz. Hier treffen sich die Kremserinnen und Kremser. Hier gibt's frischen Fisch, Brot, Blumen, tolles Gemüse. Etwas kleiner ist der Bauernmarkt am Dreifaltigkeitsplatz am Freitag Vormittag. Die Runde um die Pestsäule (sic!), um die die Standln drapiert sind, lohnt sich allemal. Jeden ersten Samstag im Monat ist hier auch Flohmarkt.

SO HAST DU KREMS NOCH NIE GESEHEN.

Krems Tourismus
Utzstraße 1
Tel: 02732/82676
www.krems.info

Beim Krems Tourismus kann man sich viele Prospekte und Empfehlungen holen. Plus: Hier meldet man sich an für Führungen der besonderen Art. Zum Beispiel die **Nachtwächter-Führung** durch die Kremser Altstadt. Da gibt's sogar einen Abstecher in die Gruft der Piaristenkirche. Die **Martin-Johann-Schmidt-Führung** durch Stein ist auch ein besonderes Erlebnis. Jeden ersten Freitag im Sommer gibt's eine **Gratis-Fühung.** Anmelden unter willkommen@krems-tourismus.at

WAS DER WEIN
MIT DEM SENF ...

DAS WEINGUT STADT KREMS

Krems ist auch deshalb so sympathisch, weil die Stadt ein eigenes Weingut betreibt. Wo gibt's das schon? Und das äußerst erfolgreich. Besonders seitdem Fritz Miesbauer die Zügel in der Hand hat und das Weingut auch international positioniert.

Weingut Stadt Krems
Stadtgraben 11
www.weingutstadtkrems.at
Mo bis Fr 9–12 und 13–17 Uhr
Samstag: 9–12 Uhr

TOLLE WEINE FÜR KLEINE & GRÖSSERE BUDGETS

Auch die Kremser holen sich hier ihren Wein. Besonders beliebt: Der **Grüne Veltliner Lössterrassen.** Immer eine gute Basis! In die Erste-Lagen-Liga* trinkt man sich mit dem **Riesling Ried Grillenparz.** Egal, was hier im Glas landet, kann getrost empfohlen werden. Hinschauen!

Tipp für Öffi-Fahrer:
Wein vor Ort bestellen
und liefern lassen!

*Gewusst? Das Weingut der Stadt Krems ist Mitglied bei den Traditionsweingütern, die mit dem Begriff *Erste Lagen* Weine besonderer Qualität kennzeichnen.
www.traditionsweingueter.at

museumkrems: Freier Eintritt für alle unter 19 Jahren.

museumkrems
Körnermarkt 14
Tel: 02732/801-567
www.museumkrems.at
Achtung: Winterpause

SENF VERKOSTEN
IM MUSEUMKREMS

Kremser Senf kommt aus Krems. Eh klar, oder? Also wer auf regionale Produkte steht, sollte ins **museumkrems** schauen. Dort kann man Kremser Senf verkosten, mehr über das Produkt erfahren und nebenbei noch ein paar sehr interessante Geschichten über die Stadt mitnehmen. Eine Verkostung vereinbart man vorab im museumkrems: Telefon 02732/801-567.

Nur wenige wissen übrigens, dass der Kremser Senf seinen Ursprung im Wein hat: Früher – also vor rund 500 Jahren – waren Fässer nämlich besonders teuer. Wenn zu viel Most da war, wurde daraus einfach Senf gemacht. Et voilà: Der süße Kremser Senf war geboren.

© Barbara Elser

WANDERN, BAUMELN, SCHWINGEN.

WANDERUNGEN & AUSSICHTSPUNKTE

Krems hat sich ja wunderschön eingeparkt zwischen Weinbergen und der Donau. Deshalb könnt ihr hier auch herrlich der Spazier- und Wanderlust frönen. Je nachdem wie hoch der Ehrgeiz ist, können Routen mit unterschiedlich vielen Höhenmetern bezwungen werden. Für Familien und Bummler eignet sich der **Wachauer Marillen Erlebnisweg** im Süden von Krems. Auch der 180 km lange **Welterbesteig Wachau** und der **Jakobsweg Weinviertel** führen durch die Stadt. Oder ihr spaziert an der **Donaupromenade** direkt neben dem Wasser, da könnt ihr zum Beispiel von der Schiffstation Krems-Stein aus gut starten. Man kann aber auch einfach von der Altstadt die **Kreuzbergstiege** hinauf in die Weingärten nehmen und dort wunderbar über die Stadt und die Donau schauen.

Wachauer Marillen Erlebnisweg
www.marillenweg.at

Welterbesteig Wachau
www.donau.com

Vor, nach oder ohne Wanderung eine perfekte Abkühlung: der **Kremser Murli.** Eis mit Schokosauce und Krokant. Unbedingt probieren!

Gibt's in der Konditorei Hagmann in der Kremser Landstraße: www.hagmann.co.at oder beim Raimitz am Bahnhofsplatz: www.raimitz.at

MIT DEM RAD RICHTUNG DONAU

Krems ist auch ideal, um von hier aus den **Donau-Radweg** zu starten. Entweder rauf in die Wachau oder Richtung Wien. Weniger befahren sind der **Kremstal-Radweg** (67km) oder der **Waldviertel-Radweg** (278km), der bis nach Litschau und Weitra führt. Beim Krems Tourismus kann man sich übrigens **E-Bikes** ausborgen. Eine Ladestation und einen überdachten Fahrradparkplatz gibt es am Südtirolerplatz/Ecke Wichner Straße.

BAUMEL LOS, SEELE

Im Sommer kann man sich mitten in der Stadt Abkühlung holen in der **Badearena Krems** – ein sehr weitläufiges Sommerbad mit Springturm, Rutsche und Blick auf Stift Göttweig. Öffnungszeiten und Eintrittspreise auf **www.badearena.at**

Durchs Fenster der Stadtbücherei gibt's
einen schönen Blick aufs museumkrems
im Dominikanerkloster.

ABSEITS DER PISTE.

Psst. Das, was jetzt kommt, kennen nicht viele. Da könnt ihr sogar altehrwürdige Kremserinnen und Kremser damit beeindrucken. Besondere Orte mit viel Geschichte.

DIE GRUFT IN DER PIARISTENKIRCHE

Im Zuge der Nachtwächterführung hat man die Chance, in die Gruft der Piaristenkirche hinabzuklettern. Ein ganz stiller Ort mitten in der Stadt. Der Mesner zündet dutzende Kerzen vor dem Besuch der Gruppe an, denn Strom gibt es hier keinen. Dafür jede Menge Grusel-Stimmung und echte Mumien. Schräg gegenüber des Eingangs befindet sich übrigens die Piaristenstiege, die die Kirche mit dem Pfarrplatz verbindet. Ein klassischer Kremser Abkürzer.

Anmeldung zur
Nachtwächter-Führung
beim Krems Tourismus
Utzstraße 1
3500 Krems/Donau
Tel: 02732/82676
www.krems.info

DIE ÄLTESTE KLOSTER-BIBLIOTHEK UND DAS ÄLTESTE DACH

Krems hat Geschichte. Und die spürt man auch in der Stadtbücherei. Dort hat man nämlich bei Umbauarbeiten die älteste Klosterbücherei Österreichs entdeckt. Wandmalereien aus dem 13. Jahrhundert können heute im Eingangsbereich der Stadtbücherei bewundert werden. Gleich daneben in der Dominikanerkirche, die von der Kunsthalle Krems bespielt wird, wurden übrigens die ältesten Dachziegel Österreichs gefunden.

Stadtbücherei & Mediathek
Am Körnermarkt 14
3500 Krems/Donau
Tel: 02732/801-382
buecherei.krems.at

DER JÜDISCHE FRIEDHOF

Mystisch. Verwildert. Nachdenklich. Der Jüdische Friedhof könnte sich wohl kaum an einem uncharmanteren Ort befinden als hier zwischen Autobahn, Autohaus und Shoppingcenter. Vielleicht ist man gerade deshalb so verwundert, wenn man das schwere Eisentor passiert und die morbide Schönheit des Ortes erkennt. Und Geschichte lernt.

Jüdischer Friedhof
Wiener Straße 115
3500 Krems/Donau
Schlüssel holen im
Autohaus gegenüber!

Stillleben am Kremser Pfarrplatz.

DER KUNST EINE
GANZE MEILE!

RADIKAL ZEITGENÖSSISCH:
KUNSTHALLE KREMS

Die Kunsthalle Krems ist *das* Ausstellungshaus für aktuelle Kunst in Niederösterreich. Man nimmt sich am besten genug Zeit, um die umfassenden Themen- oder Einzelausstellungen anzuschauen. Da gibt es österreichische Künstlerinnen und Künstler zu entdecken, genauso wie internationale. Seit der Wiedereröffnung 2017 wird der Fokus ganz auf zeitgenössische Kunst gelegt, auch auf „neue" Medien wie Film, Video oder Installationen. Die interdisziplinäre Ausrichtung unterstreicht die Kunsthalle mit ihrer Zusammenarbeit mit dem donaufestival, *dem* Festival für zeitgenössische Musik in Krems.

Die Kunstmeile Krems zieht sich vom Minoritenplatz in Stein bis zur Dominikanerkirche in die Kremser Altstadt. Die großen Ausstellungshäuser stehen rund um den Franz-Zeller-Platz.

Kunsthalle Krems
Franz-Zeller-Platz 3
3500 Krems/Stein
www.kunsthalle.at

NOCH MEHR KUNSTHALLE!

Kunsthalle Krems
in der Dominikanerkirche
Körnermarkt 14
3500 Krems/Donau
www.kunsthalle.at

Seit 2017 gehört auch die **Dominikanerkirche** zur Kunsthalle Krems – ein Ausstellungsraum mit besonderer Atmosphäre. Und das mitten im Herzen von Krems. Nicht auslassen!

DER MAGNET DES HUMORS: KARIKATURMUSEUM KREMS

Karikaturmuseum Krems
Steiner Landstraße 3a
3500 Krems/Stein
www.karikaturmuseum.at

Das Karikaturmuseum Krems – der Publikumsliebling der Kunstmeile Krems. Ein allseits beliebter Ort, um tief in die österreichische Seele zu blicken. Sei es in der Dauerausstellung von Manfred Deix oder in den wechselnden Schauen nationaler und internationaler Comic-Zeichner, Satiriker, Karikaturisten. Auch das Gebäude selbst ist ein Hingucker: Schließlich heißt der Architekt Gustav Peichl alias IRONIMUS.

WHITE CUBE: FORUM FROHNER

Zur Kunstmeile Krems gehört auch das Forum Frohner. Es befindet sich nur einen Steinwurf entfernt – nämlich am Minoritenplatz, ein wunderbarer Platz an der Steiner Landstraße. Der Abstecher lohnt sich! Hier dreht sich alles um das Werk von Adolf Frohner. In wechselnden Ausstellungen wird es anderen nationalen und internationalen Positionen gegenübergestellt.

Forum Frohner
Minoritenplatz 4
3500 Krems/Stein
www.forum-frohner.at

ZUWACHS:
LANDESGALERIE NIEDERÖSTERREICH

Die Kunstmeile Krems wird um die Landesgalerie Niederösterreich und rund 3.000 Quadratmeter Ausstellungsfläche erweitert. Das jüngste Ausstellungshaus am Franz-Zeller-Platz zeigt Auszüge der Sammlungen des Landes Niederösterreich. Und die sind umfangreich: 60.000 Objekte, darunter Meisterwerke vergangener Epochen genauso wie aktuelle Positionen. Mehr Informationen unter **www.lgnoe.at**

NOCH MEHR KULTUR!

DER MINORITENPLATZ IN STEIN

Der Minoritenplatz ist nicht nur wegen dem Forum Frohner (Seite 27) ein spannender Ort. Hier steht auch die **Minoritenkirche,** die immer wieder als Klangraum genutzt wird. Zum Beispiel beim Osterfestival IMAGO DEI. Direkt am Platz gibt's auch das **Atelier von Daniel Domaika,** einem spanischen Künstler, der hier wechselnde Ausstellungen organisiert: **www.danieldomaika.com**

PROGRAMMKINO AM CAMPUS

Klein und fein: Direkt am Uni-Campus thront das **Kino im Kesselhaus.** Ein Programmkino, das auch regelmäßig Konzerte und Veranstaltungen bietet. Am besten man macht einen kleinen Spaziergang über den Campus und landet dann im weichen Kinosessel. **www.kinoimkesselhaus.at**

LITERATURHAUS NÖ

Hier dreht sich alles um Literatur. Auch in Sonderveranstaltungen wie Literatur & Wein oder Literatur & Wandern. **www.literaturhausnoe.at**

Osterfestival IMAGO DEI
Rund um Ostern
www.klangraum.at

Donaufestival
im April
www.donaufestival.at

Literatur & Wein
www.literaturundwein.at

Glatt und Verkehrt
Juli/August
www.glattundverkehrt.at

Open Air Kino im Kesselhaus
im Sommer
www.kinoimkesselhaus.at

Kabarett & Comedy
im Herbst
www.kabarettundcomedy.com

GANZ, GANZ, GANZ EINFACH.

KUNST LEIHEN IN DER ARTOTHEK

Artothek Niederösterreich
Kunstmeile Krems
Steiner Landstraße 3/2. OG
Infos und Bilder-Katalog auf
www.artothek.at

Öffnungszeiten:
Donnerstag bis Sonntag:
11–18 Uhr

Wer hätte nicht gern ein Original zuhause? Kunst für die eigenen vier Wände, auch so richtig großformatig. In der Artothek Niederösterreich kann man Grafiken und Gemälde einfach ausborgen. Gegen eine kleine Leihgebühr, die auch gleich die Versicherung abdeckt. Egal, ob man auf abstrakte Kunst in Knallfarben oder auf feine Schwarz-Weiß-Grafiken steht: Die Auswahl ist bei 1.500 Werken wirklich groß, das Aussuchen eine besondere Freude.

EINE BEZIEHUNG FÜR 6 ODER 12 MONATE

Übrigens: In der Artothek gibt's auch immer eine Ausstellung eines niederösterreichischen Künstlers. Eintritt frei!

Das Procedere ist denkbar einfach: Man zieht an den mobilen Schiebewänden und stöbert nach Kunstwerken. Ganz aus dem Bauch heraus. Auf Wunsch beraten die Mitarbeiterinnen dabei. Und dann geht's schon los: Ordentlich verpackt nimmt man das Werk einfach mit für 6 Monate. Auf Wunsch kann man auf 12 Monate verlängern. Alles, was man braucht: einen österreichischen Meldezettel.

EINKAUFEN & ESSEN

Bei Kalteis 21 (Seite 39).

„NEUBAUGASSE" À LA KREMS: DIE GÖGLSTRASSE

CONCEPT STORE IM MINI-FORMAT

Will man in Krems Produkte abseits des Mainstreams kaufen, bewegt man sich am besten Richtung Göglstraße – und in den **Hair Club von Carmen Brunner.** In dem Frisörladen findet man nämlich viele schöne Dinge: Mode des Wiener Labels **amateur,** feine Keramik, Kerzen aus alten Weinflaschen. Ja, so macht Rückführung Sinn! Auch Schmuckstücke gibt es, dazwischen die schönen Haar-Stylingprodukte von **Less is more.** Die Serie verwendet Carmen Brunner seit vielen Jahren – sie ist eine der Bio-Pioniere in Sachen Haarpflege in Krems: „Schön langsam kommt das auch hier an". Ein Haarschnitt von Carmen ist natürlich auch eine Empfehlung – sollte aber im Vorhinein gebucht werden.

Hair Club
Göglstraße 3
3500 Krems/Donau
www.hairclub.cc

LIEBELEI, LEDERLEITNER & PERKEE

Gleich gegenüber des Hair Clubs finden sich zwei schöne Adressen für Home Accessoires: **Die Liebelei** von Alexandra und Alexandra (Seite 34) und die **Lederleitner Orangerie,** eine Oase der Ruhe so mitten in der Stadt. Wer lieber Mode shoppt, schaut gegenüber ins **Perkee.**

Boutique Perkee Classic
Göglstraße 7
3500 Krems/Donau

WUNSCHKIND – KINDERMODE & MEHR

Wunschkind
Göglstraße 5
3500 Krems/Donau
www.wunschkind.co.at

Der schönste Shop für Kleine ist der Laden von Stella Brunner. Mode, Spielzeug, Babydecken, Sticker fürs Kinderzimmer: Im **Wunschkind** gibt es alles, was man zwischen 0 und 8 so braucht – und Mamas, Papas, Omas & Co gerne schenken. Zum Beispiel die knallbunten T-Shirts und Jacken von **Cheeky Apple,** die von Nadescha Stenzel aus Krems designt werden.

ITOMAKI – CLEANE MODE FÜR KLEINE

ITOMAKI
info@itomaki.at
de.dawanda.com/shop/itomaki

Wenn's Kinder oft bunt treiben, ist die Mode von Reika Wagner ein schöner Kontrast. Die Japanerin, die in Krems lebt, designt Kindermode unter dem Label **ITOMAKI:** „In der japanischen Kultur fragen wir uns: Was brauchst du *nicht*?" Weglassen als Grundeinstellung. Sehr sympathisch. Reika Wagners cleane Kleidungsstücke sind mit viel Liebe zum Detail verarbeitet: Elefanten, die im Innenfutter von Jacken und auf Stramplern ihr Unwesen treiben. „Monkey Pants", die Windelhosenträger besonders in Szene setzen. Alle Teile sind aus 100 % Naturfasern und von Reika selbst genäht. Ausgewählte Stücke der Kollektion gibt es im Wunschkind und im **Modeatelier von Martina Wagensonner** in Stein. Oder man bestellt online.

ALEXANDRA UND ALEXANDRA

Warum Krems? Weil Krems unseren Stil am besten widerspiegelt. Alt und neu gemischt mit Design und Individualität – das passt nach Krems und in unser Geschäft: in die Liebelei.

Ganz spontan: Welches Stück im Geschäft würdest du für dich mitnehmen? Die Frage müsste lauten, welches Stück würden wir zurücklassen .... Wer schon mal bei uns zu Hause war, weiß wovon wir sprechen!!

Wo geht ihr gern in Krems einkaufen? Am liebsten bleiben wir in der Göglstraße und Umgebung: Bei Brigitte im **Perkee,** für unsere Kinder kaufen wir im **Wunschkind** oder für die Größeren im **Soulsister** am Dreifaltigkeitsplatz. Zeit für ein Tratscherl im **Afro chic** oder **Hair Club** muss auch immer drin sein!

Wo trefft ihr euch mit Freunden? Bevor wir das Geschäft aufsperren geht's immer zum **Kaffee Campus Krems** auf einen Coffee to go! Wenn's um die Mittagspause geht, haben wir das **Gasthaus zum Goldenen Hirschen** quasi vor der Tür, für ein Morgenmeeting fahren wir gerne ins benachbarte Furth/Palt ins **Hotel Malat** und genießen neben dem guten Frühstück auch das Ambiente.

Ihr habt gemeinsam 6 Kinder ... ein Tipp für Familien? Mit viel Zeit, schönem Wetter und guter Laune in die **Kunstmeile** zu spazieren, eine Ausstellung anzuschauen und danach an der Donau das Treiben beobachten. Oder einfach auf die **Schwarzalm am Kreuzberg** wandern und die tolle Aussicht bei einer guten Jause genießen.

Alexandra Boldiszar
und Alexandra Birochs
sind miteinander:

Die Liebelei
wohnraumgestaltung
Göglstraße 4
3500 Krems/Donau
www.dieliebelei.at

V228

L2213

GEBT DEN KREMSERN KOFFEIN!

EINE RÖSTEREI MIT CAFÉ & SHOP

Kaffee-Nerds aufgepasst: In der Dachsberggasse röstet Lukas Stölner sehr balancierte Kaffees. Er schaut drauf, dass hier alle fündig werden: die Freaks, denen es kaum fruchtig genug sein kann. Die klassischen und modernen Filterkaffee-Typen oder die italophilen Espresso-Trinker. Die Kaffees werden auf Wunsch für die Maschine zuhause speziell gemahlen. Man kann vorher natürlich auch kosten. An der Theke stehen immer drei Kaffees zur Auswahl: von mild bis richtig kräftig. Dazu sucht man sich am besten etwas Süßes aus der Kuchentheke oder man startet gleich mit einer Frühstückskombi in den Tag. Und weil der Kaffee Campus Krems ein Gesamtkonzept ist, kann man hier auch verschiedene Kaffeemaschinen für zuhause kaufen, Mühlen und sonst noch allerlei schönes Zubehör.

Kaffee Campus Krems
Dachsberggasse 5
3500 Krems/Donau
www.kaffeecampus.at

WORKSHOPS FÜR COFFEE-LOVERS

MUMAC Academy Krems
Judengasse 6
3500 Krems/Donau
www.lcdc.at

Filter-Kaffee hat rund drei bis vier Mal so viel Koffein wie Espresso. Hättet ihr das gewusst? Für alle Kaffee-Profis und die, die es noch werden wollen, ist die **MUMAC Academy** die passende Adresse. Dort könnt ihr Workshops & Ausbildungen rund ums Thema Kaffee machen. Dabei schaut man den Profis über die Schulter und legt selber Hand an – zum Beispiel könnt ihr ausprobieren, wie perfekter Milchschaum geschäumt wird. Mehrere Profimaschinen stehen zur Auswahl. Basis ist der *Kaffee-erleben-Workshop,* der eine Einführung ins Thema gibt. Für Latte-Art-Fans gibt es auch spezielle Termine.

Workshop-Termine auf
der Website. Für Gruppen
auch Sondertermine.

BARISTA-AUSBILDUNG

Wer tiefer in die Materie eintauchen will, kann an der MUMAC Academy auch eine Barista-Ausbildung machen. Die besteht aus drei Modulen und ist von der Speciality Coffee Association (SCA) anerkannt.

DIE GESCHICHTE DER ESPRESSOMASCHINE

MUMAC – das steht übrigens für Accademia della Macchina per caffè. Vor dem Schulungsraum kann man auch Geschichte lernen: Da gibt es Espressomaschinen aus mehreren Jahrzehnten zu sehen. Gleich daneben: die große Röstmaschine vom **Kaffee Campus Krems** – auch ein Grund, warum es an der MUMAC Academy meistens wunderbar nach frisch geröstetem Kaffee duftet.

EIN BISSL BERLIN.

IN DIE GALERIE SCHADET NIE

Bummelt ihr gerade durch die Altstadt von Krems? Dann macht doch einen Abstecher in die **Galerie Kopriva Krems.** Die Koprivas sind eine Kremser Familie, die schon seit langem sammelt und sich dabei auf österreichische Kunst nach 1945 spezialisiert hat.

Galerie Kopriva
Dominikanerplatz 1
3500 Krems/Donau
www.kopriva-kunst.com

DESIGN, BÜCHER, DELIKATESSEN IM WORACZICZKY AM PFARRPLATZ

Riecht ihr den Duft von Zimt, der durch die Gassen rund um den Pfarrplatz weht? Dann gibt's wieder Zimtschnecken im **Woracziczky** – ein Lokal, das irgendwie in keine Kategorie passt. Man ist einfach nur froh über diesen gemütlichen Ort und das ausgezeichnete Süßgebäck: die Kanelbullar, schwedische Zimtschnecken. Die haben den zwei Gastgebern Andrea Pscheid-Hintersteiner und Nikolaus Ottenbacher auf Reisen so geschmeckt, dass das Rezept importiert wurde. Genauso wie viele schöne Interior-Dinge: Vasen. Geschirr. Bücher. Dazwischen Pesto, Pasta, Ketchup.

Woracziczky
am Pfarrplatz 3
3500 Krems/Donau
www.woracziczky-krems.at

BESONDERER SCHMUCK
IN BESONDERS SCHÖNEM AMBIENTE

Kalteis 21
Obere Landstraße 21
3500 Krems/Donau
www.kalteis-21.at

Wie Walter Kalteis sein Geschäft beschreibt? Als „Feinkost-laden. Ich schaue, wo es ganz besondere Schmuckstücke gibt. In puncto Schönheit, Qualität und Innovation." So kommt es, dass bei **Kalteis 21** eine Auswahl edler Dinge liegt. Moderne Klassiker, Ringe, Uhren, Ketten. Stücke, die auf einer genialen Idee basieren oder handwerklich einfach exzellent sind. Auch das Geschäft von Walter Kalteis ist wunderschön, dahinter hat er seine kleine Werkstatt. Fragt ihn nach dem Raum nebenan: Da findet ihr noch mehr schöne Dinge, hier lassen sich viele Brautpaare in Sachen Ringe beraten.

DAS LETZTE EISENWARENGESCHÄFT

Neunteufel
Untere Landstraße 44
3500 Krems/Donau
Mo – Fr: 8 –12 und 14 –18 Uhr,
Sa: 8 –12 Uhr

Jeder, der im Raum Krems Haus baut oder renoviert, ist un-glaublich dankbar. Dankbar, dass es „den **Neunteufel**" gibt. Denn das, was man in vielen Baumärkten oft verge-bens sucht, das tauchen die Verkäufer mit wenigen Hand-griffen regelrecht hoch. Aus einem Meer von Dingen – rund 30.000 Produkte lagern in dem Labyrinth aus verwinkelten Räumen, Gängen und Kellern. Werkzeug. Gartengeräte. Eine Auswahl sehr guter Küchenmesser. Emaille-Geschirr. Druckkochtöpfe. Keksausstecher. Sehenswert, auch wenn ihr nur auf der Durchreise seid!

STILLLEBEN
MIT FISCH

VON ALEXANDER
LINTNER

Gasthaus Walzer
Gneixendorfer Hauptstr. 28
3500 Krems/Gneixendorf
www.gasthaus-walzer.at

ALLES OLIVE!

IL MAGAZZINO: FEINKOST AUS ITALIEN

Alles, was in sein Auto passt. Das karrt Hans Martinetz regelmäßig aus Italien nach Stein. Dort lebt er den Aussteigertraum: vom Manager zum Alimentari-Händler. Prosciutto und Lardo aufschneiden, über Brot philosophieren und mit den Gästen Ribolla Gialla, Friulano und Spumante kosten. Das kleine Lokal in der Steiner Landstraße ist eine Mischung aus Feinkostladen und Weinbar. Ein guter Ort, um den Gaumen mit allerhand Köstlichkeiten aus dem Süden zu verwöhnen. Kleinigkeiten wie Mortadella-Semmerl und Antipasti kann man gleich vor Ort verputzen. Die Pasta aus Neapel und das Brot von Brotocnik nimmt man mit nachhause. Vielleicht mit einer Dose Sardinen von *la belle-iloise*. Bei denen macht Hans Martinetz eine Ausnahme: Die kommen nicht aus Italien, sondern aus Frankreich.

Il Magazzino
Steiner Landstraße 76
3500 Krems/Stein
www.il-magazzino.com

KULINARISCHE KERAMIK VON SABINE BAUER-MAYERHOFER

Oft sind es die kleinen Dinge. Nach einem stressigen Tag nachhause kommen und nicht irgendeine Tasse in die Hand nehmen. Die eigene Tasse. Die so gut in die Hand passt. Nicht zu glatt. Fühlt sich gut an. Klick. Ein kurzer Moment. Urlaub. Diese Momente formen, das macht Sabine Bauer-Mayerhofer besonders gerne. Sie nennt es Kulinarische Keramik. Gegenstände, die entschleunigen und genießen lassen.

Durch viele solcher Gegenstände kann man in ihrem Atelier in der Kremser Lastenstraße stöbern: Tassen, Teller, Schalen. Man kann aber auch Sabines künstlerische Seite entdecken – etliche Objekte hat sie in ihrem schönen Garten platziert. Am besten ihr nehmt euch Zeit, um einen Kaffee mit der Keramikerin zu trinken. Natürlich aus einer ihrer Tassen. Welche es sein soll? Da habt ihr die Qual der Wahl.

Sabines Mann Andreas Mayerhofer ist übrigens Musiker und in verschiedenen Formationen zu hören: www.andreasmayerhofer.at

Keramikatelier Sabine Bauer-Mayerhofer
Lastenstraße 13
3500 Krems/ Donau
www.keramikatelier.at
Atelierbesuche nach Voranmeldung.

Konsequent: Oliven-Gefäße mit Löffel aus Olivenholz.

Auf dem Weg zur schönen Terrasse des Gozzo.

KULINARISCHE HÖHENFLÜGE

Hier eine kleine persönlich zusammengestellte Auswahl an Lokalen in Krems und Stein. Chacun à son goût!

LANG LEBE DER KAISER.

Zum Kaiser von Österreich
Körnermarkt 9
3500 Krems/Donau
www.kaiser-von-oesterreich.at

Sie sind stets zu zweit und stellen in dieser Kombination mehrgängige Spitzenmenüs auf die Beine: Silvia Haidinger im Service, Hermann Haidinger in der Küche. Im **Kaiser von Österreich** kann man auf hohem Niveau essen und sitzt dabei wunderbar gemütlich in der kleinen Gaststube am Körnermarkt. Im Sommer mit Terrasse vor dem Haus.

SCHÖNSTE TERRASSE VON KREMS: GOZZO

Gozzo
Hoher Markt 11
3500 Krems/Donau
www.gozzo.at

Einige Jahre stand das Lokal in der Gozzoburg leer. 2017 wurde ihm von der IMC FH Krems neues Leben eingehaucht. Seitdem kann man auf der wunderbaren Terrasse des **Gozzo** wieder über die Dächer von Krems blicken – und dabei feine Weine und Gerichte probieren. Schlangenbohnen mit weichem Ei zum Beispiel. Oder Schweinerücken auf fermentiertem Kraut. Das Wiener Schnitzel wird klassisch in Schmalz gebacken. Yes! Gleich gegenüber vom **Gozzo** befindet sich noch ein Klassiker: das **Gasthaus von Ulli Jell.**

Gasthaus Jell
Hoher Markt 8–9
3500 Krems/Donau
www.amon-jell.at

WIRTSHAUS UND BÜHNE: SALZSTADL

Salzstadl
Donaulände 32
3500 Krems/Stein
www.salzstadl.at

Zum **Salzstadl** nur „Wirtshaus" zu sagen, wäre viel zu wenig. Er ist eine Institution in Stein – im schönen Saal finden immer wieder Lesungen und Konzerte statt. Ein Schwerpunkt ist Musik: Jeden ersten Freitag im Monat ist Musikstammtisch. Der Verein **That's Jazz** hat im Salzstadl sein Hauptquartier und versorgt Krems seit vielen Jahren mit anspruchsvollem zeitgenössischen Jazz. Man muss nicht extra dazu sagen, dass man im Salzstadl auch gut essen kann. Die Mittagsmenüs sind heiß begehrt.

INTERNATIONAL IN STEIN

Stein ist ein besonders internationales Pflaster in Sachen Essen. Kurzurlaub in Griechenland kann man in der **Taverne Zorbas** machen. Essen im schönen Innenhof ist Urlaub pur – auch wegen dem guten selbstgebackenen Brot und der schönen Fische, die hier jeden Abend in der Runde gezeigt werden, bevor sie auf den Grill wandern. Weiter nach Italien: Im **Firenze** geht es sehr original zu – inklusive toller Antipasti. Pizza gibt es auch. Der kleine Schanigarten am Schürerplatz ist recht lauschig. Rauschig geht's dafür im **Meszcal** zu: In dem kleinen mexikanischen Lokal radeln im Sommer Horden an Radfahrern vorbei. Hinter dem Herd steht ein echter Mexikaner, am Teller landen zum Beispiel tolle Patatas bravas.

Taverne Zorbas
Steiner Landstraße 24
3500 Krems/Stein
facebook.com/Taverne-Zorbas-710476409046397/

Firenze
Schürerplatz 9
3500 Krems/Stein
www.firenze-krems.at

Meszcal
Steiner Donaulände 82
3500 Krems/Stein
facebook.com/mezcalbarkrems

ABSACKEN ...

Manchmal dauern Abende in Krems bis zum nächsten Morgen. Zu späten Stunden kommt man in der **Veit Bar** gut unter, wo sich immer noch ein Platz für ein gutes Achtel findet. Oder ein gepflegtes Bier. Für zwischendurch gibt's auch kleine Snacks. Danach vielleicht noch einen Abstecher in den **Jazzkeller**, wo der 1. Kremser Jazzklub immer wieder Programm macht. Einer der wenigen Plätze in Krems, die so richtig *off* sind.

Veit Bar
Pfarrplatz 15
3500 Krems/Donau
www.veitbar.at

Jazzkeller
Körnermarkt 13
3500 Krems/Donau
www.jazzkellerkrems.at

... UND FRÜHSTÜCKEN

Für den Morgen danach bietet sich ein Frühstück im **Stadtcafé Ulrich** an. Das ist *die* Kaffeehaus-Institution in der Stadt. Hier trifft sich Krems, auf der tollen Terrasse kann man den Vorbeitreibenden zusehen. Schauen und gesehen werden. Und nachher vielleicht noch auf eine Bosna an den einzigen Kremser Würstelstand gehen – zum **Rudi**, dessen Besitzer zwar mittlerweile Max heißt, aber nach wie vor mit gepflegten Wurst-Zwiebel-Senf-Kombis aufwartet. Bosna seit 1974, das ist Katerfrühstück à la Krems!

Stadtcafé Ulrich
Südtirolerplatz 7
3500 Krems/Donau
facebook.com/ulrichstadtcafe2

Rudi's Würstelstand
Stiebargasse 2
3500 Krems/Donau
facebook.com/RudisWuerstelstand

ÜBERNACHTEN

ECHT BESONDERS IN GNEIXENDORF

Wer einen einzigartigen Platz zum Wohnen sucht, bucht eines der drei Gästezimmer in **Schloss Wasserhof**. Ein Ort, den es kein zweites Mal gibt. Hier hat bereits Beethoven komponiert. Der Gastgeber Ernst Linsberger hat das Schloss restauriert und mit zeitgenössischen Details ausgestattet. Echt wow! Sein Architekturbüro befindet sich übrigens im Erdgeschoss. Den Schlosspark kann man als Gast auch nutzen. **Buchung via Airbnb.**

ZU GAST BEI FAMILIE KLINGLHUBER.

NEUE SUITEN MITTEN IN DER STADT

„Der Klinglhuber" ist in Krems eine Institution. Ein Hotel und ein Gasthof gehören zum Familienbetrieb. Jüngster Zuwachs sind 15 großzügige Suiten, die in einem neuen Trakt samt Outdoor-Pool errichtet wurden. Die Hälfte davon hat auch eine eigene Terrasse. Natürliche Materialien, schöne Details: Hier könnt ihr exklusiv und sehr ruhig wohnen – und die Kremser Altstadt ist auch gleich ums Eck.

Hotel Klinglhuber
Wiener Straße 10
3500 Krems/Donau
www.klinglhuber.com

CRÈME DE LA KREMS AUF DER TERRASSE

Auf der tollen Terrasse des Gasthofs trifft sich bei schönem Wetter ganz Krems. Hier kocht Stefan Klinglhuber feine österreichische Gerichte, unter der Woche auch ein sehr gutes Mittagsmenü. Seine Schwester Astrid Klinglhuber-Berger sorgt dafür, dass es den Gästen an nichts fehlt. So geht Service. Hier fühlt man sich immer gut aufgehoben.

Der Gasthof befindet sich schräg gegenüber des Hotels in der Wiener Straße 2. Auch hier gibt es Gästezimmer.

STEIGENBERGER: LUXUS, BABY!

STEIGENBERGER HOTEL & SPA KREMS

Ihr wollt es euch so richtig gut gehen lassen und dabei ins Grüne schauen? Dann checkt ein ins Steigenberger Hotel & Spa. Hier gibt's den Blick über Krems und in die Weinberge. Ein wunderbarer Standort, wenn ihr Richtung Campus, Kunstmeile und Wachau unterwegs seid. Ein toller Ort, um sich von Kopf bis Zeh verwöhnen zu lassen.

BRUNCH & PLANTSCH!

Im Steigenberger Hotel & Spa warten ein Outdoor- und Indoor-Pool. Das Wellness-Angebot ist top, die Zimmer sowieso. Das Restaurant und die Bars stehen auch allen anderen Gästen zur Verfügung. Tipp: Jeden ersten und dritten Sonntag gibt's Brunch.

Steigenberger Hotel & Spa Krems
Am Goldberg 2
3500 Krems/Donau
www.steigenberger.com

WEINLASTIGES SCHLENDERN IN STEIN

In und um Krems gibt es dutzende Heurige. Wenn ihr in der Stadt seid, ist ein Besuch Pflicht. Andere sagen spazieren gehen dazu: Rund um die Heurigen kann man sich auch besonders stimmungsvoll treiben lassen.

STEINER KELLERGASSE

Die Steiner Altstadt ist atemberaubend. Wirklich! Hier solltet ihr auf jeden Fall ohne Ende schlendern. Auch hinauf zur Steiner Kellergasse, die viele Motive bietet. Im Mai gibt's hier jedes Jahr ein Weinfest.

ÜBERNACHTEN IM ARKADENHOF

Direkt in der Steiner Altstadt befindet sich auch eine charmante Übernachtungsmöglichkeit: Das **Gästehaus Einzinger**. Die Zimmer sind einfach – der wunderschöne Arkadenhof ein echtes Schmuckstück.

www.gaestehaus-einzinger.at

53

KONSEQUENT KULTIG.

DER HEURIGE MAYER RESCH IN DER ALTSTADT VON STEIN

Mitten in der malerischen Steiner Kellergasse gibt's ein Weingut, in dem noch alles von Hand gemacht wird. Der Wein wird hier im Herzen der Altstadt, im 300 Jahre alten Keller der Jungwinzerin Barbara, gekeltert. Sie führt den Betrieb in 4. Generation. Der Heurige bietet den Gästen besonders uriges Ambiente. „Wir führen unsere Gäste zurück zum Ursprung der Heurigenkultur", sagt Barbara.

BEWUSST TRADITIONELL

Auf der Karte findet man Heurigen-Klassiker wie Brettljause, aber auch vegane und vegetarische Speisen werden frisch zubereitet. Viele Zutaten kommen direkt aus dem eigenen Kräuter- und Obstgarten. Vom Nachbarn bis zum internationalen Gast – alle finden im Sommer Platz im wunderbaren Gastgarten mit Blick auf die Steiner Altstadt und Stift Göttweig. Im Winter sitzt man im urigen Gastkeller mit der alten Baumpresse. Beim Wein gibt's Sortenvielfalt. Auch Raritäten wie die Sorte Neuburger oder flaschenvergorenen Sekt kann man hier genießen.

Weingut Mayer Resch
Barbara Beer
Steiner Kellergasse 40
3500 Krems/Stein
Tel: 02732/82636
mayer_resch@gmx.at
Weinverkauf und
Verkostungen ganzjährig
nach Terminvereinbarung

Heurigentermine auf
www.weinbau-resch.at

Am Steiner Weinfest wird die
gesamte Kellergasse zum Heurigen.
Termin auf **www.krems.gv.at**

AUF DEN WEINZIERLBERG!

Der Weinzierlberg ist nicht weit vom Stadtzentrum. Perfekt für eine kleine Runde durch die Reben. Am besten ihr spaziert durch die obere und untere Kellergasse, das dauert rund 30 Minuten. Starten könnt ihr zum Beispiel beim Heurigen Stoiber (rechts) oder im **Weingut Hutter,** ein Restaurant, das auch sehr schöne Zimmer hat: **www.weinguthutter.at**

KLEIN UND OHO!

DER STOIBER AM WEINZIERLBERG

Der Heurige der Familie Stoiber liegt mitten in den Weingärten. Vom Lokal und dem schönen Garten aus schaut man direkt in die Rieden am Weinzierlberg – eine der ältesten Lagen von Krems. Das helle Heurigenlokal bietet Platz für zahlreiche Gäste und eine bunte Auswahl an Speisen. Neben den Klassikern gibt es auch Brat'lcarpaccio oder Schafkäse mit Paradeiserragout, sehr gut! Kein Wunder, die Stoibers sind Feinspitze und versuchen, ihre Gäste immer wieder zu überraschen.

VATER & TOCHTER MACHEN WEIN

Der dazugehörige Weinbau ist bewusst klein-strukturiert, ein reiner Familienbetrieb. Hannes Stoiber und Tocher Johanna machen klassisch ausgebaute Weine – übrigens auch einen Sauvignon Blanc, den bekommt man in der Kremser Gegend nicht oft.

Weinbau Stoiber
Oberer Weinzierlberg 22
3500 Krems/Donau
www.stoiber-wein.at

Sechs Heurigentermine im Jahr.
Weinverkauf ganzjährig nach
Terminvereinbarung.

AUSFLUG INS KREMSTAL

ZWEI MAL PROIDL IN SENFTENBERG

Wenn man von Krems aus Richtung Norden startet, kommt man nach 8 Kilometern nach Senftenberg. Der Ort ist praktisch die Klima-Grenze Richtung Waldviertel. Hier gibt's noch Wein. Sehr guten sogar! Zwei Empfehlungen lauten auf den selben Namen: Proidl. Das **Weingut von Franz und Andrea Proidl** ist österreichweit stets vorne dabei bei diversen Prämierungen, auch beim Thema Süßwein. Sohn Philipp keltert unter **Generation X** eine eigene spannende Linie.

Weingut
Franz und Andrea Proidl
Oberer Markt 5
3541 Senftenberg
www.proidl.com

Der andere Proidl, der **Karl Proidl,** macht ebenfalls schöne Weine – plus rund ums Jahr immer wieder Heurigen. Ein besonderer Genuss, vor allem im stimmungsvollen Innenhof. Lasst auf jeden Fall genug Platz für etwas Süßes nach der Brettljause. Birgit Proidl, die Schwester von Karl, ist nämlich gelernte Konditorin und bäckt für jeden Heurigentermin verschiedene Mehlspeisen. Falls Grammelbäckerei dabei ist, auf jeden Fall probieren mit einem guten Achtel!

Weingut & Heuriger
Karl Proidl
Oberer Markt 19
3541 Senftenberg
www.proidl.at

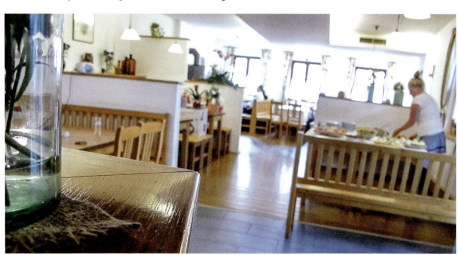

GENUSS RUND UM DIE RUINE

Weingut Nigl
Kirchenberg 1
3541 Senftenberg
www.weingutnigl.at

In Senftenberg gibt es auch eine **Ruine,** auf die man vom Ort aus gut wandern kann. Oben wartet dann ein schöner Blick aufs Tal – und zwei weitere Genussadressen. Das **Weingut Nigl** – ein wunderschönes Weinhaus aus dem 12. Jahrhundert, in dem es auch ein Restaurant und Zimmer gibt. Der Hof ist besonders stimmungsvoll!

Schlapf'nwirt
Unterer Markt 44
3541 Senftenberg
www.schlapfnwirt.at

Einen wirklichen Begriff für die nächste Adresse gibt es nicht. Weder Wirtshaus, Pub noch Bar trifft es wirklich. Den **Schlapf'nwirt** probiert man am besten selbst aus. In der gemütlichen Gaststube serviert die Familie Braun verschiedene Weine aus dem Kremstal und frisch gezapftes Bier von Murauer oder Weitraer Bräu. Steht eine der vielen Veranstaltungen am Programm, dann kocht der Schlapf'nwirt so richtig auf. Zum Beispiel beim Sautanz jeden vierten Donnerstag im Monat. Da gibt's immer zwei bis drei Gerichte vom Schwein wie feines Beuscherl oder knusprige Ripperl. Jeden zweiten Samstag im Monat ist Musikantenstammtisch!

DRENTA DA DONAU

WEINSCHWÄRMEREI IN KRUSTETTEN

Alle schwärmen davon, wenn am Bio-Weingut von David Harm der Heurige aufsperrt. Wegen der guten Weine und des außergewöhnlichen Essens. Und weil der Hof im Sommer so stimmungsvoll ist. Auf jeden Fall probieren, wenn aufg'sperrt ist!

Bioweingut David Harm
Am Brunnen 14
3508 Krustetten
www.weinschwaermer.at

WEINABO AUS HOLLENBURG

Wenn sich der Monat zu Ende neigt, wird in Hollenburg wieder gepackt: Kiste um Kiste. Jeweils drei Weine zu einem Thema, ganz unkompliziert. Denn nichts weniger als „die Demokratisierung des Weines" hat Philipp Geymüller mit seiner Abothek im Sinn. Ein Wein-Abo, das man für 3, 6 oder 12 Monate bestellen kann auf **www.abothek.at**. Im schönen Schloss Hollenburg ist das Hauptquartier der Abothek. Hier organisiert die kunstaffine Familie der Geymüllers auch Ausstellungen, beim Weinfrühling gibt's auch immer spannende Events!

Infos und Abokistl-
Bestellung auf
www.abothek.at

ALLES MÜLLER ODER WAS?

EIN KREMSTALER WEINGUT AUF EXPANSIONSKURS

Die Müllers aus Krustetten machen schon lange Wein. Da schwingt bereits die Jahreszahl 1936 in der Familienchronik mit. Seitdem Stefan und Leopold die Zügel in der Hand haben, wächst das Weingut rasant. Momentan sind es rund 100 (!) Hektar, die im südlichen Kremstal und in der Wachau bewirtschaftet werden. Die Müllers machen also etwas richtig: geradlinige fruchtige Weine, eine breite Palette an Sorten und Lagen. Auch Sekt und Frizzante! Alle *nachhaltig* produziert.

BLICK ÜBER KREMS

Wirklich beeindruckend ist der Blick von der Dachterrasse des Weinguts. Da sieht man nach Göttweig und über ganz Krems. Eine gute Gelegenheit, um die Weine zu verkosten und die große Familie kennenzulernen, ist auch der Heurige. Vier Mal im Jahr, die Termine stehen auf **www.heurigermueller.at**

Weingut Müller
Hollenburgerstraße 12, 3508 Krustetten
www.weingutmueller.at
Weinverkauf von Montag bis Freitag:
8–12 Uhr & 13–17 Uhr

Josef und Maria Maier
vom Weingut Geyerhof
machen Pet Nat.

KONTROLLVERLUST ERWÜNSCHT.

PET NATS AUS DEM SÜDEN VON KREMS

Pet Nats liegen im Trend. Im Kremser Süden gibt's zwei
Bio-Winzerhöfe, die sich dem Thema verschrieben haben:
Christoph Hoch aus Hollenburg und das **Weingut Geyerhof**
in Oberfucha. Der Trend kommt aus Frankreich, der Begriff
deshalb aus dem Französischen: pétillant naturel. Natursprudel.
Statt wie bei der traditionellen Sektmethode den fertigen Wein
in die Flasche zu füllen und mit Hefe-Zuckerlösung zu versetzen,
füllt man hier Sturm in die Flasche. Verschluss drauf – und fast
alles andere ist Zufall. Denn wenn die Flasche einmal zu ist,
startet das Eigenleben darin.

Ob's schmeckt oder nicht, ist wie bei allem im Leben
Geschmacksache. Lasst euch drauf ein und entscheidet selbst.
Eine gute Gelegenheit ist die **Gault & Millau Landpartie** am
wunderbaren Gelände des Weinguts Geyerhof.

Infos und Termine auf **www.geyerhof.at**
Zu Christoph Hoch geht's auf **www.christoph-hoch.at**

Auch eine Handvoll Rinder leben im Süden
von Krems am Geyerhof. Ganz in ihrer Nähe
befindet sich einer der schönsten Hohlwege der
Region: der **Zellergraben.** Ein Naturlehrpfad
inklusive Bienenfresser-Kolonie!

WOW, WACHAU.

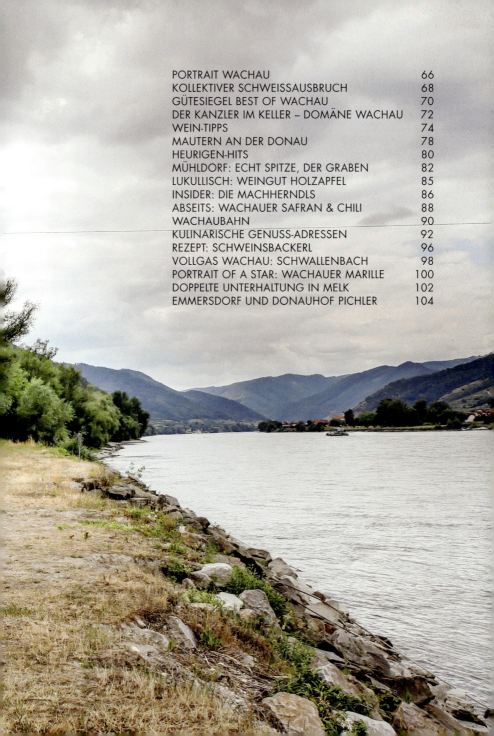

WOW, WACHAU.

Die Wachau ist der Star unter den Regionen – seit dem Jahr 2000 aufgenommen in die Liste des UNESCO-Welterbes. Ein Grund, warum gerade die Hochburgen wie Dürnstein, Weißenkirchen und Spitz sehr voll sind mit Ausflugshungrigen. Aber es gibt sie auch: die stillen Ecken und kleinen Erlebnisse. So wie die Ortschaft Schwallenbach (Seite 98) oder den Spitzer Graben (Seite 82). Die Wachau ist im Herbst besonders stimmungsvoll, dann leuchten die Weingärten in allen Farben und das Kulturprogramm **Wachau in Echtzeit** beginnt. Im Sommer sollte man die vielen Gelegenheiten nicht auslassen und einen der Donaustrände bemühen. Im Winter manchen viele Betriebe Pause.

Wachau in Echtzeit
Kulturprogramm
von Ursula Strauss
www.wachaukulturmelk.at

FÄHRE FAHREN!

Generell gilt: Auf der südlichen Donauseite ist es etwas ruhiger als auf der nördlichen. Eine gute Gelengenheit, um die Seiten zu wechseln sind die Fähren in Spitz und Weißenkirchen. Da bekommt man so nebenbei auch ein kleines Donau-Erlebnis. Landet man in Weißenkirchen, bietet sich ein Abstecher ins Café Elisabeth an. Hier holt man sich am besten eine der herrlichen Mehlspeisen oder selbstgemachtes Eis.

Café Konditorei Elisabeth
Rollfährestraße 49
3610 Weißenkirchen
www.kalmucktorte.at

BLOCKBUSTER DÜRNSTEIN

Bäckerei & Konfiserie Schmidl
Dürnstein 21
3601 Dürnstein
www.schmidl-duernstein.at

Holt schon einmal die Sänger-Blondel-Kostüme heraus: Dürnstein ist eines der Zentren, in denen die Geschichte gefeiert wird. Hier ist aber auch der Stammsitz der Bäckerei Schmidl, die das **Orginal Wachauer Laberl** herstellt. Ein besonderer Gebäck-Genuss, den ihr am „S" auf der Unterseite erkennt. Am besten gefüllt mit saftigem Beinschinken und etwas Kren. Unten an der Donaulände befindet sich das **Strandcafé Dürnstein,** wo man sich im Vorbeigehen sehr gutes Eis kaufen kann. Darüber thront das Hotel Schloss Dürnstein, *die* Luxus-Adresse in der Wachau.

WACHAU FÜR BIERFANS

Brauhaus Wösendorf
Kellergasse 101
3610 Wösendorf
www.brauhaus-woesendorf.at

Weintrinker zu sein ist kein Schaden in dieser Gegend. Aber auch Bierliebhaber kommen auf ihre Kosten. Das **Brauhaus Wösendorf** braut hier Helles, Weizen, Strout und Pale Ale. Verkauf/Verkostung an speziellen Terminen. Am besten ihr fragt vorab, wann ihr vorbeikommen könnt.

KOLLEKTIVER SCHWEISSAUSBRUCH

WACHAUMARATHON

Eine der besten Gelegenheiten, sich die Wachau zu *erschwitzen*, ist der Wachaumarathon im September. Hier wackeln tausende Läuferinnen und Läufer von Emmersdorf Richtung Krems. Start des Halbmarathons ist in Spitz – hier kann man sogar mit dem Schiff von Krems anreisen zum Start. Ein besonderes Erlebnis! Viertel- und Gruppenmarathons gibt es auch, die Strecke ist angenehm flach. Also keine Ausreden. Und zur Not ist man einfach als Zuschauer mit an Board und isst Pasta im Kremser Stadtpark, wo sich das Ziel befindet. Dabei sein ist alles.

Infos zu den Bewerben auf
www.wachaumarathon.at

WANDERN AM WELTERBESTEIG ...

Infos und Etappen auf
www.donau.com

Auf 180 km verbindet der **Welterbesteig Wachau** 13 Gemeinden nördlich und südlich der Donau. Auf 14 Etappen mit unterschiedlichen Schwierigkeitsgraden kann man sich genau die seine aussuchen. Wachau-Klassiker ist die Strecke von **Weißenkirchen nach Spitz.** Besonders schön auch die von Spitz nach Mühldorf (Seite 82).

... UND AUF DIE FERDINANDSWARTE.

Rossatz, Dürnstein, Loiben, Stein – das volle Wachau-Panorama wartet auf der **Ferdinandswarte in Bergern.** Zwei Möglichkeiten stehen zur Wahl, wenn man sie erklimmen will. Über den Stickelsteig: Von Rossatzbach wandert man etwa einen Kilometer donauabwärts zum Windstallgraben. Dort nimmt man den steilen Weg Richtung oben. Gehzeit rund 2 Stunden. Variante 2 ist über Unterbergern: Hier nimmt man einfach den gemütlichen Weg zur Warte.

Wer lieber am Gaul schwitzt, kann den Klassiker fahren: Den **Donau-Radweg.** Tipp: Einmal die Seite wechseln mit der Fähre in Weißenkirchen oder Spitz. Wer lieber mountainbiken geht, für den ist die **Weinsteintour** etwas: 37 Kilometer, 1700 Höhenmeter, ganz viel Adrenalin.

Infos zur Mountainbike-Tour auf
www.weinsteintour.at

BEST OF WACHAU

ANSPRUCHSVOLL?

Unter dem Gütesiegel **Best of Wachau** haben sich die besten Gastgeber der Wachau zusammengeschlossen: Exklusive Hotels, charmante Winzerhöfe haubengekrönte Restaurants, bodenständige Wirtshäuser, traditionelle Kaffeehäuser. Sie alle bieten ihren Gästen etwas ganz Besonderes. **Qualität** und **Regionalität** sind Pflicht. Hier kann man erleben, wie die Wachau – und die Wachauer – wirklich sind. Und man kann's schmecken: Weil die Betriebe sich dazu bekennen, Produkte aus der Region zu verwenden. Wie wär's mit einem Klassiker – dem Marillenknödel? Viele Betriebe haben ihr ganz spezielles Hausrezept.

Gewusst? Das Wachauer Laberl ist auch ein Produkt, das ihr in vielen Best of Wachau-Betrieben findet. Unbedingt kosten!

Nicht nur kulinarisch anspruchsvoll geht's bei Best of Wachau zu. Auch beim **Übernachten** ist man hier gut aufgehoben. Oft sind es Häuser, in denen sich Chef & Chefin noch persönlich um einen kümmern. Da kommt man ins Plaudern und holt sich die besten Tipps für den nächsten Ausflug oder für ein schönes Mitbringsel.

Ihr erkennt die Betriebe mit dem grünen Siegel **Best of Wachau.** Einen Überblick gibt's auf **www.bestof-wachau.at.**

Prospekte könnt ihr bei der Donau Niederösterreich Tourismus GmbH unter **urlaub@donau.com** bestellen oder ihr lasst euch telefonisch beraten: **02713 / 30060-60.**

MIT UNTERSTÜTZUNG VON LAND UND EUROPÄISCHER UNION

LE 14-20
Entwicklung für den Ländlichen Raum

LEADER

Europäischer Landwirtschaftsfonds für die Entwicklung des ländlichen Raums: Hier investiert Europa in die ländlichen Gebiete

DER KANZLER IM KELLER

DIE DOMÄNE WACHAU IN DÜRNSTEIN

Gut, sie ist alles andere als ein Geheimtipp, sondern mit ihren
250 Vertragswinzern einer der Big Player der Gegend. Erstaunlich
dafür ist, dass es in so einem Großbetrieb wie der Domäne
Wachau so familiär zugeht. Weingutsleiter Roman Horvath und
sein Team sorgen dafür, dass man sich sofort willkommen fühlt.
Die Domäne Wachau hat etliche Geschichten auf Lager, die nur
Insider kennen. Zum Beispiel: Zum Weinkeller hatte auch ein
gewisser Leopold Figl einen Schlüssel. In diesen Keller führte er
auch jene russische Diplomaten, mit denen er den österreichischen Staatsvertrag verhandelte. Deshalb steht der Kanzler bis
heute im Keller.

Noch so eine Geschichte: Die Domäne Wachau besitzt einen sehr
großen Bestand an hochwertigen alten Weinbränden. Vielleicht
ist Weinbrand nach Gin ja das *Next Big Thing*. Denn es wäre Zeit
für eine Imagekorrektur. „Die Brände können locker mit einem
guten Cognac mithalten", sagt Roman Horvath.

Ganz normal Wein verkosten und kaufen geht natürlich auch.
3601 Dürnstein 107, **www.domaene-wachau.at**

WEIN, WEIN UND NOCH EINMAL: WEIN.

Winzer gibt es in der Wachau wie Sand an der Donau. Hier ein paar sehr persönlich ausgewählte. Viel Spaß beim Entdecken! Für alle gilt: Am besten vorab einen Termin ausmachen.

BEST BUY
Großes Wachau-Kino um kleineres Geld: Der Sigl in Rossatz, flüstert der Weinprofi. Ein Tipp, der natürlich lauthals ausgeplaudert wird. Also bitte:
www.weingut-sigl.at

SCHRÄG
Erich Machherndl mag Weine am liebsten mit Ecken und Kanten. Bloß nicht zu charmant, gern länger auf der Maische. Plant viel Zeit ein für eine Verkostung bei ihm in Wösendorf.
www.machherndl.com

IKONEN
Klassik at it's best. Diese Namen haben in der Wachau Gewicht und das zurecht:
F.X. Pichler in Oberloiben: **www.fx-pichler.at**
Emmerich Knoll in Unterloiben: **www.knoll.at**
Franz Hirtzberger in Spitz: **www.hirtzberger.com**

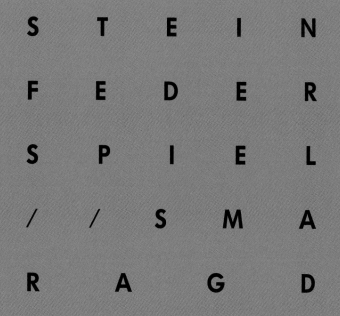

STEIN
FEDER
SPIEL
/ / SMA
RAGD

Ganz Niederösterreich keltert DAC-Weine? Ganz Nieder-österreich? Nein, eine kleine Enklave an unbeugsamen Winzern hört nicht auf Widerstand zu leisten: Die Wachauer Weinbauern haben ihr eigenes Qualitätspro-gramm: den Codex Wachau. Darin hat die **Vinea Wachau** die drei Marken **Steinfeder®, Federspiel® und Smaragd®** festgeschrieben. Sie stehen für drei unterschiedliche Wein-Typen, die dem Weintrinker Orientierung bieten in der vielfältigen Wachauer Weinlandschaft. Also gehen wir's an mit der Steinfeder, dem leichtesten Wein mit maximal 11,5 % Alkohol. Der nächste im Bunde ist der Federspiel, der zwischen 11,5 und 12,5 % Alkohol hat und ein klassisch trockener Wein ist. Die Hochkaräter sind die Smaragd-Weine, hier geht es dann richtig zur Sache. Rund 200 Wa-chauer Weinbaubetriebe arbeiten mit den Marken. Adres-sen und Infos findet ihr auf **www.vinea-wachau.at**

MMH! MAUTERN.

DIE SÜSSEN ROLLEN DES LEBENS

Der Teig in der absoluten Balance zwischen knusprig und mollig. Der Schaum seidig, ohne zuckerbombig zu sein. Die Kombination – ein Höhepunkt für Gaumen und Seele. Die Schaumrollen der Backstube Krenn in Mautern sind selbst einen weiten Weg wert. Sie werden direkt hinter der großen Glasfront der Schaubackstube zubereitet. Verkauft werden sie schräg gegenüber im Café Maria. Gut, dass Mautern am Donau-Radweg liegt. Da kann man die Rollen dann runterradeln. Denn: Eine ist selten genug.

Schaubackstube Krenn & Café Maria
Rathausplatz
3512 Mautern
www.schaubackstubekrenn.at

DER GIPFEL DER GENÜSSE

In Mautern befindet sich auch das Landhaus Bacher. Eine der absoluten Top-Adressen des Landes. Hauben, Sterne, Koch-des-Jahres-Auszeichnungen hagelt es für Thomas Dorfer, Lisl Wagner-Bacher & ihr Team.

Landhaus Bacher
Südtirolerplatz 2
3512 Mautern
www.landhaus-bacher.at

DAS SELBSTGEBACKENE BROT

Wenn der Winzerhof Buchinger in Mauternbach Heurigen macht, ist das ein ganz heißer Tipp. Dann gibt es selbstgebackenes Brot, auf dem das Grammelschmalz gleich nochmal so gut schmeckt. Grammeln verwursten die Buchinger-Damen übrigens auch zu einem grandiosen Strudel! Ein dichtes Geschmackserlebnis, so wie viele Gerichte hier. Der Grund dafür ist, dass die Buchingers alles selber machen: die Blutwurst, Grammeln, den berühmten Jägeraufstrich. Die Weine macht Jakob Buchinger, einer von den *Jungen Wilden Winzern*. Infos auf **www.weinbau-buchinger.at**

DIE HUNDERTJÄHRIGE LINDE

Nikolaihof Wachau
Nikolaigasse 3
3512 Mautern
www.nikolaihof.at

Zum Weingut Nikolaihof gehört ein Restaurant. Und darin wächst seit über 100 Jahren eine Linde. Sie verleiht dem schönen Innenhof im Sommer einen einzigartigen Charme. Wirklich besonders, so wie die Weine des *Demeter*-Weinguts. Zum Nikolaihof gehört auch ein Gästehaus mit Schwimmteich!

HEURIGEN HITS

TRADITIONELL

Ein klassisch-uriger Heuriger ist der am Weingut Bayer in St. Michael. Hier sitzt man im Sommer unter schattigen Bäumen, im Winter auf Eichenbänken im Stüberl. **www.weingut-bayer.com**

BESONDERS

Wenn die Jägers einmal im Jahr im April Heurigen machen, dann pilgert das Who is Who der Wachau hin. Das liegt einerseits am guten Wein, andererseits an den besonders liebevoll zubereiteten Gerichten. Frau Jäger kocht auch so allerhand ein – tolle Marmeladen zum Beispiel! **www.weingut-jaeger.at**

SCHWEINSBRATEN OLÉ

Ein Evergreen ist Pulker's Heuriger in Rossatz. Der Garten ist ein Traum – so wie der Schweinsbraten, für den das Team um Bernd Pulker berühmt ist. **www.pulkers-heuriger.at**

ECHT SPITZE, DER GRABEN.

RUND UM MÜHLDORF

Mühldorf ist eine sympathische kleine Ortschaft: Nur wenige Kilometer von Spitz entfernt, ist man hier schon völlig abseits des normalen Wachau-Trubels. Hier verändert sich die Landschaft, da spürt man das Waldviertel. Besonders schön gelangt man nach Mühldorf zu Fuß über den **Welterbesteig.** Die Etappe von Spitz beträgt knapp 11 Kilometer und führt durch die höchsten Steinterrassen der Wachau. Falls ihr gerade das Wochenende erwischt, an dem **Spitzer-Graben-Fest** ist, könnt ihr auch auf der Straße wandern. Dann ist die Strecke für den Autoverkehr gesperrt. Beim Fest hat zum Beispiel das **Bäckereimuseum** offen. Da können die Kleinen selber Brezeln & Semmeln formen, die Erwachsenen sitzen im schönen Innenhof zwischen alten Guglhupf-Formen und Teigmodeln. Auch sonst hat das Museum immer wieder geöffnet – es gehört zum Café Stummvoll. Am besten ihr erkundigt euch telefonisch.

Alle Etappen des Welterbesteigs auf www.donau.com

Bäckereimuseum der Familie Stummvoll
Markt 14
3622 Mühldorf
Tel: 02713/8243
info@baeckereimuseum.at

MÜHLDORFER KULTURPROGAMM

Unter dem Titel **Kultur.Kabarett.Kleinkunst.** organisiert die Gemeinde im Dorfgemeinschaftshaus Mühldorf abwechslungsreiche Spielsaisonen. Dann kommen Kabarettisten wie Thomas Maurer und Klaus Eckel. Für Kinder sind Theater- und Lieder-Nachmittage dabei. Eine tolle Initiative, die auch vom Engagement der beteiligten Mühldorfer lebt. Und von der Auswahl der Kultur-Leckerbissen durch Andrea Topitz-Kronister. Die Wachauerin organisiert übrigens auch **Potpourri der Sinne** – ein Nachmittag im Garten am Schulschluss-Wochenende. Ein ehemaliges Schiffsmeisterhaus wird zum Marktplatz für feine Dinge: www.topkulturevents.org

Kultur. Kabarett. Kleinkunst.
Dorfgemeinschaftshaus
3622 Mühldorf
www.muehldorf-wachau.at

BIO-KÄSE VON SCHAF, ZIEGE & KUH

Konstante 12 Grad. Die hat der **Keller von Roland Berger** rund ums Jahr. Perfekte Bedingungen, um hier seine Käse reifen zu lassen. Hier lagern Goudas, Camemberts und Weinkäse. Die meisten davon sind vom Schaf. Ziegenkäse und Kuhkäse gibt es auch. Die beste Gelegenheit, Roland Bergers zahlreiche Käsesorten kennenzulernen ist eine Verkostung, wahlweise mit oder ohne Weinbegleitung in dem Verkostungsraum rund um den Reifekeller. Da kann man dann die Unterschiede schmecken. Zwischen den verschiedenen Reifegraden und Sorten.

Reifekeller der
Biokäserei Roland Berger
Weingraben 7
3622 Mühldorf
www.biokaeserei-berger.at

BUSCHWINDRÖSCHEN.
EIN WIRTSHAUS WIE AUS DEM BILDERBUCH.

Macht man einen kleinen Spaziergang von Mühldorf in den Ortsteil Niederranna, dann stößt man auf **„den Busch"**. Ein Gasthaus wie es im Bilderbuch steht, so gemütlich, dass man am liebsten ganz lang pickenbleiben möchte. Der Familie gehört der Hof seit 1806, jetzt bewirtschaften ihn Johann und Gerlinde Busch gemeinsam mit ihrer Tochter Michaela. Auch die Oma steht ab und zu noch in der Küche – von dort aus wandern die Rindsbraten mit Knödel und die gebackenen Surschnitzel flugs in die Gaststube. Oder die wunderbaren Cremeschnitten, die mit einem Klecks Marillensauce serviert werden. Wir sind ja schließlich – gerade noch – in der Wachau!

Gasthaus Busch
Niederranna 15
3622 Mühldorf
www.gasthaus-busch.at

WEISSES RÖSSL. DER LOKALMATADOR.

Viele Wirtshäuser sperren zu, in Mühldorf bauen sie aus: Das **Gasthaus Weißes Rössl** befindet sich gleich neben dem Dorfgemeinschaftshaus – ist also die Pole-Position, um sich vor oder nach einem Kulturabend gebührend zu stärken. Roman Siebenhandl hat den Betrieb um großzügige Gästezimmer erweitert. Nach Mühldorf kommt man, um zu bleiben. Zumindest für eine Nacht.

Gasthaus Weißes Rössl
Markt 17
3622 Mühldorf
www.7handl.at

WEINBLATT-PESTO MIT AUSSICHT

LUKULLISCH! VOM UND IM WEINGUT HOLZAPFEL

Eingelegtes Gemüse. Weinblattpesto. Erdäpfelbrot. Die Delikatessen, die in diesem Picknickkorb landen, sind handverlesen. Von Barbara Holzapfel, die sich im Weingut um die kulinarischen Abenteuer der Gäste kümmert. Ihr Mann Karl macht die dazu passenden, eleganten Weine.

Ihr könnt euren Picknickkorb bestellen und mitnehmen oder euch an einen speziellen Einkehr-Platz liefern lassen. Oder ihr macht es ganz anders und kehrt im Gutshofrestaurant ein. Da speist man im Sommer im atemberaubend schönen Arkadenhof. Mehrgängig & exklusiv oder auch ganz unkompliziert auf eine Jause.

Weingut Holzapfel
Joching 36, 3610 Weißenkirchen
www.holzapfel.at
Wunderschöne Gästezimmer!

ERICH UND KARIN MACHHERNDL

Karin, du bist aus Kärnten. Was ist für dich das Schrägste an der Wachau – und den Wachauern?

Nicht unbedingt schräg, aber gewöhnungsbedürftig – die Schrulligkeit und Sturheit. Damit hatte ich und habe ich manchmal noch zu kämpfen. Und dass die Wachauer anfangs eher verschlossen sind. Da muss man nachhaken …

Wohin führt der erste Weg, wenn euch Freunde von weiter her besuchen?

Am **Seiberer** auf den Aussichtspunkt – klassisch aber gut – da sieht man Dürnstein, Weißenkirchen und, wenn das Wetter passt, Göttweig. Und dann gleich zu uns aufs Weingut …

Wohin geht ihr mit ihnen essen?

Gerne in die **Wachauer Stube** zu Gerald Diemt (gemütliche Mischung aus alt und neu), in die **Hofmeisterei Hirtzberger** (Nachbarschaftsvorteil) oder zu den umliegenden Heurigen. Der **Küffer Keller** ist auch noch ein guter Tipp. Im Sommer gibt's da nämlich Burger, Steaks und frischen Fisch vom Grill – mit kleinem Teich!

Welches Weingut empfehlt ihr, wenn Gäste bei euch durch sind?
Das kommt drauf an, ob eher klassischer Wachauer Wein gesucht
wird oder was anderes. Auf jeden Fall: **Johann Donabaum, FJ Gritsch,
Martin Muthenthaler.**

Ein besonderes Mitbringsel?
Etwas Selbstgemachtes von uns wie Marmelade, Honig, Schnaps oder
Wein. Ansonsten gerne von **Wieser** – Schoko oder Hochprozentiges.
Was ich (Karin) heiß liebe, ist *Marille bitter*!
www.wieser-wachau.at

Ein Ort, der in keinem Reiseführer steht?
Die **Sandbank in Weißenkirchen** – fühlt
sich wie Urlaub an, nur ein Standl mit
Getränken fehlt. Was auch toll ist:
Vom **Kollmütz** auf die Weingärten in der Ebene zu schauen und
diese unzähligen geomet-
rischen Linien anzusehen
– das strahlt eine absolute
Ruhe aus.

Weingut Machherndl
Hauptstraße 1, 3610 Wösendorf
www.machherndl.com
Tipp: Viel Zeit nehmen für eine
ausgiebige Weinverkostung
(nach Teminvereinbarung).

So schauen die Knollen der Safranpflanze aus.
In Dürnstein kann man sie für den eigenen Anbau kaufen.

DAS HÄTTET IHR IN DER WACHAU
WOHL NICHT VERMUTET.

Nicht nur Trauben und Marillen wachsen in der Wachau. Auch
Nischenprodukte, die für Abwechslung am Gaumen sorgen.

EDLES AUS DEM KROKUS: WACHAUER SAFRAN

Der Anbau von Safran hatte in Niederösterreich lange Tradition.
Dann war 100 Jahre Pause. Bis Bernhard Kaar und seine Frau
beschlossen haben, es mit der edlen Pflanze in Dürnstein zu
versuchen. Seitdem blüht das Geschäft. Im kleinen Laden am
Bahnhof Dürnstein kann man Safranprodukte kaufen – Safran-
salz, -pasta und -schokolade. Natürlich auch die Fäden pur oder
die Knollen für zuhause zum Selberpflanzen. Führungen gibt es
gegen Anmeldung auch. **www.safranmanufaktur.com**

SOME LIKE IT HOT: WACHAUER CHILI

Marillenbäume, Steinfeder oder Weinstöcke für den eigenen
Garten kann man in der Gärtnerei Hick kaufen. Neben diesen
Wachauer Pflanzen-Klassikern hat sich die Weißenkirchner
Gärtnerei einen Namen mit Chili gemacht. Man produziert
mehrere Sorten, die in verschiedenen Chilipulver-Mischungen
über die Budel gehen. **www.hick-wachau.at**

auf **Pfeifsignal** achte

JA, SIE FÄHRT NOCH!
Die Wachaubahn verbindet Krems mit
Emmersdorf. In 13 Stationen kann man da
auf den Schienen am Nordufer dahintuckeln.
Ein guter Ersatz fürs Auto oder wenn man
mit dem Rad am Donau-Radweg unterwegs
ist und ein paar Kilometer schummeln will.
Achtung Winterpause!
www.wachaubahn.at

Sorgt in der Wachauer Stube für runde
Genuss-Erlebnisse: Gerald Diemt

HIER GEHT'S ZUM GENUSS.

In der Wachau gibt es viele kulinarische Adressen. Hier ein sehr persönlich zusammengestelltes Listerl.

MORE THAN WIRTSHAUS: WACHAUER STUBE

Wachauer Stube
Unterloiben 24
3601 Dürnstein
www.wachauerstube.at

Eines der Gerichte, die in der Wachauer Stube oft auf der Karte stehen, sind die geschmorten Backerl (Rezept auf Seite 96). Verdichteter Geschmack, der im stundenlangen Köchel-Prozess langsam entsteht. Verdichtet, so fühlt sich auch das ganze Wirtshaus an. Die Räume erzählen an vielen Ecken ihre Geschichten. Zum Beispiel, dass ganz hinten der erste Fernseher im Ort stand. Oder dass im Haus früher auch eine Greißlerei war. Schön, dass zeitgemäßes Wirtshaus so viel Patina haben kann. Und noch dazu einen Wirt mit so breitem Weinwissen wie Gerald Diemt. Viele offene Weine stammen übrigens vom Nachbarn: dem Weingut Tegernseerhof von Martin Mittelbach.

KLASSISCH: ZUM KNOLL

Loibnerhof
Familie Knoll
Unterloiben 7
3601 Dürnstein
www.loibnerhof.at

Er hat einfach einen der schönsten Gastgärten der Wachau: der Loibnerhof der Familie Knoll. Hier kann man zwischen alten Obstbäumen der österreichischen Küche fröhnen. Klassiker in Perfektion. So wie die Weine von Emmerich Knoll – das sind die, auf denen schon seit heiligen Zeiten der heilige Urban am Etikett ist.

FISCH-PROFI: RESTAURANT HEINZLE

Fischrestaurant Heinzle
Wachaustraße 280
3610 Weißenkirchen
www.heinzle.at

Ebenfalls gediegen-gehoben ist das Fischrestaurant Heinzle in Weißenkirchen. Karpfen, Hecht, Wels und Zander – hier speist man feine Fischgerichte. Am besten auf der wunderbaren Terrasse direkt an der Donau – eine Seltenheit in der Wachau!

SPANNEND: HOFMEISTEREI HIRTZBERGER

Flusskrebsschaumsuppe, gratinierte Artischocke, Hendl-herzen mit schwarzem Knoblauch: Die Hofmeisterei Hirtz-berger ist ein Fixpunkt für Gourmets. Hier kann man fein balancierte Gerichte probieren, die einen immer wieder überraschen. Auch Klassiker wie ein Gulasch vom *Deme-ter*-Ochsen. Weine der Weinhofmeisterei kann man zu Ab-Hof-Preisen mitnehmen. Das junge Weingut wird von Mathias Hirtzberger betrieben. Sein Bruder und sein Vater Franz Hirtzberger jun./sen. führen übrigens das Traditi-onsweingut Hirtzberger in Spitz. Zurück nach Wösendorf: Die Räume der Hofmeisterei eigenen sich auch für feudale Feiern. Tipp: Schaut in den ersten Stock!

Hofmeisterei Hirtzberger
Hauptstraße 74
3610 Wösendorf
www.hofmeisterei.at

BEIM TOP WIRT: WINZERSTÜBERL ESSL

Das Landgasthaus Essl in Rührsdorf am südlichen Donau-ufer ist ein Potpourri an Räumen und Dingen. Etwas ver-winkelt der Weg zum Gastgarten. Aber irgendwie auch ge-mütlich. Die Küche ist kontstant gut, der Sohn des Hauses hat 2016 seine erste Haube erkocht und war im selben Jahr Top Wirt, eine Auszeichnung, die *die Niederösterreichische Wirtshauskultur* vergibt. Auch Innereien stehen auf der Karte – Kalbsleber zum Beispiel, gebacken oder geröstet. Berühmt ist der Essl auch für sein Backhendl, das er in Rahm und Zitrone mariniert.

Landgasthaus Winzerstüberl
Familie Essl
Rührsdorf 17
3602 Rossatz
www.winzerstueberl.at

ABSACKER IM BOGERL

Klassische Bars gibt es in der Wachau nicht viele. Aber eine sehr nette in Weißenkirchen: Das Bogerl. Hier können die Wachauer Weine verkostet werden und viele Tropfen aus anderen Regionen dieser Welt. Und weil es ja Menschen gibt, die keinen Wein trinken, kommen hier auch Bierlieb-haber auf ihre Kosten: Mit Trumer Bier und Haselbräu aus Münichreith. Feine Gin Tonics & Snacks gibt es auch, so wie diverse Sonder-Verkostungen.

Das Bogerl – Weinbar
Kremser Straße 18
3610 Weißenkirchen
www.dasbogerl.at

Hartmuth Rameder und sein Team
bespielen die Hofmeisterei Hirtzberger.

REZEPT

VON GEORG LUGER

Wachauer Stube
Unterloiben 24
3601 Dürnstein
www.wachauerstube.at

Zutaten: 250 g Schweinsbackerl geputzt
vom Fleischhauer des Vertrauens

Rapsöl, gestoßener schwarzer Pfeffer, Meersalz
1/8 l Rotwein trocken, 2 Zwiebeln, 2 Lorbeerblätter
1 Zweig Rosmarin, 2 Knoblauchzehen,
1 TL Stärkemehl

1 kleiner Sellerie, Pflanzenöl, ½ Zwiebel
1 Knoblauchzehe, 1/8 l Obers, etwas Gemüsesuppe
Salz, weißer Pfeffer, Muskatnuss

4 kleine Urkarotten, Salz, Pfeffer, Olivenöl

OH, BACKERL!

Backerl in ausreichend Rapsöl von allen Seiten anbraten, grob gewürfelten Zwiebeln beifügen, mitrösten. Mit Rotwein ablöschen, danach mit ½ Liter Wasser aufgießen und mit Lorbeerblättern, Rosmarin und Knoblauch (leicht angestoßen) weich dünsten. Danach Backerl warm stellen und den restlichen Saft mit etwas Stärkemehl leicht binden.

Zubereitung Selleriepüree: Den Sellerie mit Zwiebel und Knoblauch klein schneiden und in Öl anschwitzen. Mit Gemüsesuppe und Obers auffüllen – nicht zu viel – es sollte nur bedeckt sein. Danach unter Zugabe von Flüssigkeit weich kochen und mixen. Die Urkarotten einstweilen mit Salz, Pfeffer und Olivenöl würzen und im Backrohr ca. 20 Minuten bei 200°C schmoren.

Die Schweinsbackerln mit dem Selleriepüree und der aufgeschnittenen Karotte servieren, mit Saft beträufeln.

VOLLGAS WACHAU.

PITTORESK: SCHWALLENBACH

Schwallenbach ist Wachau pur. Hier drücken sich verwinkelte Häuser aneinander. Hier wachsen Marillenbäume. Hier fließt das Bacherl mitten durch den Ort. Eine pittoreske Idylle, in die sich erstaunlich wenige verirren. Dabei lohnt es sich nicht nur für Fotografen eine Runde zu drehen. Auch Wanderer kommen auf ihre Kosten: Besonders schön ist die Route von Schwallenbach zur Ruine Hinterhaus und nach Spitz.

EINZIGARTIG: WACHAUER ZISTEL

In Schwallenbach findet ihr den Wein- und Obstbau Muthenthaler: Marillen, Pfirsiche & Co. Gepflückt mit der Wachauer Zistel. Das sind speziell geflochtene Körbe, die unten spitz zusammenlaufen. Die könnt ihr neben Fruchtsäften, Marmeladen & Co auch beim Muthentaler mitnehmen.

Franz Muthentaler
3620 Schwallenbach 50
www.muthenthaler.eu

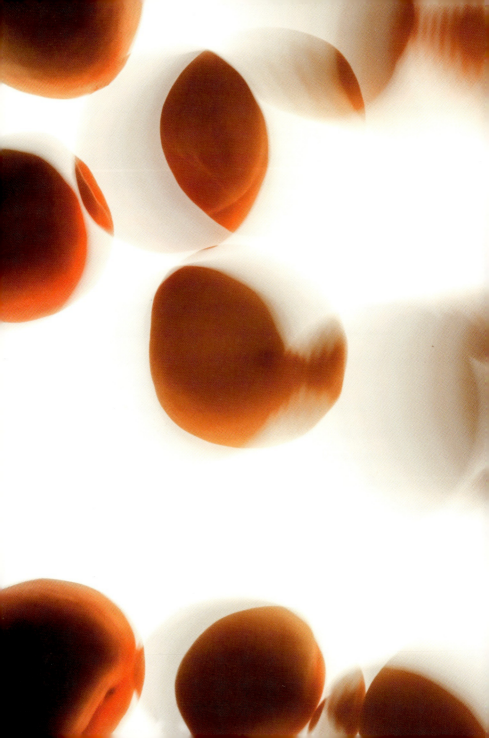

PORTRAIT OF A STAR

Ihr werdet die Wachau nicht
einmal streifen können, ohne ihr
mehrmals zu begegnen:
die Wachauer Marille.

Sie blüht im März und April.
Unter dem Siegel „Original
Wachauer Marille" kann man die
Früchte von rund 220 Marillen-
bauern dann im Sommer kaufen.
In konzentrierter und destillierter
Form gibt es sie rund ums Jahr.
Alle Produzenten auf
www.wachauermarille.at

DOPPELTE UNTERHALTUNG

Von der Wiege bis zur Bahre – die **Tischlerei Melk** hat viele Fans, die mit diesem einzigartigen Kulturzentrum innig verbunden sind. Deshalb wurden hier auch schon Taufen und Gedenkfeiern abgehalten. Meistens steht aber Kultur am Programm: Um die 150 Veranstaltungen organisiert das Team pro Jahr. „Das hätte niemand geglaubt, dass so etwas in einer 5.000-Einwoher-Stadt möglich ist", grinst Alexander Hauer, der die Künstler koordiniert.

Früher war dieser Platz eine Tischlerei, dann stand das Gelände leer. Als Alexander Hauer es gesehen hat, wusste er: „Da müssen wir etwas machen. So eine Art politisches Bildungszentrum, einen Ort des Dialogs. Nur: Spaß muss es machen!" Denn durch Entertainment bekommt man die Leute auch her, lautet der Ansatz. Unterhaltung versteht man in der Tischlerei auf zwei Ebenen: die Kulturveran-

Tischlerei Melk Kulturwerkstatt
Abt-Karl-Straße 27a
3390 Melk
www.wachaukulturmelk.at

Zur Wachau Kultur Melk gehören übrigens auch die Sommerspiele Melk, die Internationalen Barocktage Stift Melk, die Veranstaltungsreihen *Kunstdünger* und *Wachau in Echtzeit*.

Kabarett, Konzerte, Literatur, Theater: Alexander Hauer und das Team der Tischlerei holen die Hochkaräter nach Melk.

staltung selbst und das Ins-Reden-Kommen davor und danach. Zum Beispiel an der langen Bar, in den gemütlichen Sofas oder am Wuzzler. Da komen die Leute zusammen. Toller Ort, tolle Menschen, tolles Programm!

PASTA E PIZZA

Pasta e Pizza
Jakob-Prandtauer-Straße 4
3390 Melk
www.pasta-e-pizza.com

Welcher Künster in der Tischlerei Melk auftreten wird? Das erkennt Katja Rezac schon am Bestellbon in ihrer Pizzeria. Sie versorgt die Künstler-Teams regelmäßig mit Essen. Besonders beliebt sind die Pizza Toscana (mit Prosciutto und mariniertem Rucola) und die pikanten Gnocchi mit Garnelen. Selbstverständlich kann man im **Pasta e Pizza** auch einkehrern, wenn man nicht selbst auf der Bühne steht: Hier tummeln sich Einheimische, Hackler, Touristen und Kulturpublikum. Ein bunter gemütlicher Mix, so wie das Lokal selbst.

ANFANG UND ENDE.

AM WESTLICHSTEN ZIPFEL DER WACHAU

Emmersdorf ist ein guter Standort, um die Wachau zu er-
kunden, aber auch, um in die westliche Richtung zu starten. Da haben die Landschaft und die Donau wieder einen
völlig anderen Charakter als in der Wachau. Besonders
schön liegt die Stadt **Grein,** rund 40 km westlich von
Emmersdorf.

Die Seite der Gemeinde
www.emmersdorf.gv.at

ITSY BITSY TEENIE WEENIE
LUBEREGGER STRAND-BIKINI

Direkt in Emmersdorf befindet sich der längste Natursand-
strand an der Donau: Willkommen am **Badestrand Luberegg!** Mit tollem Blick auf die Stadt Melk. Auch für Kinder
geeignet, weil es kaum Strömung gibt. Danach dreht man
eine Runde durch die kleine Ortschaft, vorbei an der Mag-
dalenenkapelle. Frisches Brot, Gebäck & etwas Süßes gibt
es in der kleinen **Bäckerei Teufner.**

Bäckerei Teufner
Emmersdorf 31
3644 Emmersdorf
www.teufner.eu

Eveline Pichler flitzt
am liebsten einspurig
durch die Wachau.

AUF DAS „P" KOMMT ES AN.

Hotel und Restaurant Donauhof
An der Donau 40
3644 Emmersdorf
www.pichler-wachau.com

Heuriger Haferkast'n
Schloss Luberegg
3644 Emmersdorf

DIE GASTGEBER-FAMILIE PICHLER AUS EMMERSDORF

Einige Betriebe gehören mittlerweile zum Pichler'schen Gastro-Imperium. *Ihr Haus, das ist der Donauhof in Emmersdorf*, erklärt Eveline Pichler. Das Hotel, das sie persönlich mit ihrem Mann seit rund 30 Jahren führt. Deswegen kommen viele Stammgäste. Um sich Tipps von der Chefin zu holen. Natürlich auch wegen der über die Grenzen bekannten, guten Küche und der schönen Zimmer – inklusive Raumkühlung und Massagebetten. In jedem davon hängt ein kleiner Rucksack für das nächste Wachau-Abenteuer.

HEURIGER IN SCHLOSS LUBEREGG

Was alle Pichler-Betriebe verbindet? „Das P macht's aus – die Familie", lacht Eveline Pichler. Dazu gehört übrigens auch der Heurige in Schloss Luberegg, ein wirklich schöner Platz, wo es warme und kalte Jaus'n gibt!

WALDVIERTEL

Outlet von Framsohn Frottier. Mehr auf Seite 154.

Eintauchen kann man im Waldviertel in die Natur.
Aber nicht nur. Auch das Traditionshandwerk macht
Lust auf Ausflüge in den Norden.

MIT UNTERSTÜTZUNG VON LAND UND EUROPÄISCHER UNION

LE 14-20

Europäischer
Landwirtschaftsfonds
für die Entwicklung
des ländlichen Raums:
Hier investiert Europa in
die ländlichen Gebiete

Foto: Waldviertel Tourismus, www.ishootpeople.at

GIMME MOOR

Waldviertel – das heißt Landschaft so weit das Auge reicht: faszinierende Granitblöcke, kühle Teiche, dunkles Moor. Aber auch noch etliches *more*. So wie das traditionelle Handwerk, das hier heimisch ist. Aus Stein, Holz, Perlmutt und vielem mehr entstehen da viele schöne Dinge.

ZUR FEIER DES HANDWERKS!

Eintauchen in die Welt der Drechsler, Weber und Glasschleifer – das funktioniert am besten über **www.waldviertel.at**. Hier hat man den Überblick über die mehr als 20 Betriebe in fünf Rubriken, die bei der Initiative „Handwerk und Manufaktur" dabei sind. Die Unternehmen bieten nicht nur Führungen, sondern auch Schnupperkurse. Danach nimmt man sein Werkstück stolz mit nachhause.

Waldviertel Tourismus Initiative *Handwerk und Manufaktur*
Tel: 02822 54109
www.waldviertel-handwerk.at

MYSTISCHER STEIN: AMETHYST WELT MAISSAU

Das Waldviertel ist steinreich. An Gneisen, Graniten und beeindruckenden Gesteinswelten. Eine davon befindet sich in Maissau, wo sich alles um den ortsansässigen Star dreht: den Maissauer Amethyst. Der wird im unterirdischen 40 Meter langen Schaustollen in Szene gesetzt. Wer selbst damit gestalten will, kann mit den heimischen Handwerkern einen Workshop machen.

Amethyst Welt Maissau
Horner Straße 36
3712 Maissau
www.amethystwelt.at

STOLZ AUF WALDVIERTLER HOLZ

Wald. Viertel. Klar, dass wir am Thema Holz nicht vorbeikommen. Bei den Mitgliedsbetrieben von „Handwerk und Manufaktur" kann man es mit allen Sinnen erleben. Riechen, welchen Duft es verströmt. Spüren, wie es sich formen lässt. Ein Tipp ist die **Drechslerei Reiter,** wo ihr in einem Drechselkurs euer eigenes Werkstück fertigen könnt. Man kann natürlich auch einfach auf einen Kaffee vorbeikommen und dem Meister Andreas über die Schulter schauen.

Drechslerei Reiter
Rudmanns 136
3910 Zwettl
www.drechslerei-reiter.at

TEXTILE TRÄUME

Kuscheliges Frottee, feinste Möbelstoffe. Im Waldviertel gibt es noch Webereien, die ganz besondere Waren herstellen. Zum Beispiel **Wirtex,** die älteste Frottierweberei Österreichs. Vom Faden bis zum fertigen Handtuch wird da alles vor Ort gemacht. Reinschnuppern können Besucher im Wirtex-Kino oder bei Spezialführungen.

Wirtex GmbH
Frühwärts 62
3842 Frühwärts
www.wirtex.at

KRISTALLIUM glas.erleben.
Hirschenwies 53
3970 Hirschenwies
www.kristallium.at

Erlebnis Perlmutt Manufaktur
Felling 37
2092 Felling
www.perlmutt.at

GLAS? KLAR!

Über 120 Glashütten prägten bis zum 19. Jahrhundert das Landschaftsbild rund um Rappottenstein, Karlstift und Neu-Nagelberg. Heute sind es einige wenige, die diese Tradition hoch halten. So wie die Erlebniswelt **KRISTALLIUM glas.erleben.** von Erwin Weber. Hier kann man nicht nur eine Führung machen, sondern auch einen Kristall-Schleifkurs – und fortan auf dem eigenhändig geschliffenen Kristallteller zuhause speisen.

KARPFENLEDER, PAPIERMÜHLE UND PERLMUTT

Das Waldviertel kann auch exotisch. Viele Betriebe haben sich auf ganz exklusive Nischen spezialisiert. Da könnt ihr noch was entdecken! Zum Beispiel Österreichs einzige **Perlmutt-Manufaktur** in Felling, wo es edle Knöpfe und andere Schmuckstücke zu kaufen gibt. Oder man bucht einen Kurs und knüpft seine Kette selbst.

FRISCH GEQUETSCHT
IST HALB GEWONNEN.

MOHN-PRODUKTE AM MOHNHOF GRESSL

Graumohnöl passt gut zu Erdäpfelsalat. Blaumohnöl zu
Schafkäse. Und süße Desserts verfeinert man am besten
mit Weißmohnöl. Alle Öle und noch vieles mehr findet
man am Mohnhof Greßl in Ottenschlag.

Die Greßls wissen, was sie tun. Seit mehr als 30 Jahren
bauen sie Mohn an – und machen daraus feine Produkte.
Am Rezept für ihre Mohnzelten (Seite 114) hat Margarete
Greßl getüftelt. Schließlich sollen sie besonders lange saftig
bleiben. Wie man einen guten Mohnzelten erkennt? „Teig
und Fülle müssen g'schmackig sein, der Mohn gut abgestimmt. Bloß keine Brösel in die Fülle!"

Waldviertler Mohnhof
Familie Greßl
Haiden 11
3631 Ottenschlag
www.mohnhof.at

Öffnungszeiten:
Montag bis Samstag:
8–18 Uhr

VERKOSTEN UND EINKAUFEN

Am Mohnhof kann man die Öle verkosten und Mohn in allen Variationen mitnehmen. Im Ganzen oder frisch gequetscht. Zweiterer sollte schnell verbraucht werden oder in die Tiefkühltruhe, da hält er frisch. Auch in Senf und Honig haben die Greßls ihren Mohn packen lassen. Oder ganz anders: Als Mohnölkosmetik für samtige Haut.

Margarete Greßl hat auch ein **Rezept-Buch** geschrieben mit ihren Mohn-Gerichten. Da findet man Klassiker wie Mohnnudeln und Weißmohntorte genauso wie pikante Varianten. Mohn-Käseschöberl zum Beispiel. Die passen besonders gut in die Rindsuppe. Ein paar ausgewählte Rezepte kann man auf **www.mohnhof.at** nachlesen. Auf der Website gibt's auch einen Online-Shop, wenn man die Produkte gleich direkt nachhause bestellen möchte.

Mohn-Produkte online kaufen auf shop.mohnhof.at

MOHNMUSEUM: MOHN-MÜHLEN MAHLEN LÄNGER

Zum Familienbetrieb gehört auch ein kleines **Mohnmuseum.** Im ersten Stock des Mohnhofs kann man verschiedenste Mühlen bestaunen und Infos zum Produkt nachlesen. Auch zwei kurze Filme lassen einen in die Welt des Mohns abtauchen. Wer in der Gruppe unterwegs ist und eine Führung durchs Museum haben möchte, meldet sich am besten vorab an.

Tipp: Besonders stimmungsvoll ist es am Mohnhof Mitte Juli, wenn der Mohn blüht.

WALDVIERTLER MOHNZELTEN
nach einem Rezept von Margarete Greßl

Teig: 500g glattes Mehl, 300g gekochte, passierte Erdäpfel, 250g Butter, 2 Eier, 2 EL Rahm, Salz, 1 Prise Backpulver

Fülle: 200g geriebener Mohn, 150g Zucker oder Honig nach Geschmack, 100g Butter, Vanillezucker, Zimt, Rum, etwas Milch. Butter zerlassen, mit restlichen Zutaten zu einer nicht zu weichen Fülle verarbeiten und daraus kleine Knödel formen.

Mehl, Erdäpfel, Butter, Eier, Rahm, Salz und Backpulver zu einem Teig verkneten, in gleich große Stücke teilen, etwas flachdrücken, mit Mohnknöderl füllen, Knödel formen, auf dem befetteten Blech flachdrücken, mit der Gabel mehrmals einstechen und bei 200°C ca. 15 Minuten backen.

SCHAU MIR IN DIE AUGEN, GROSSER!

DER BÄRENWALD ARBESBACH

Miri, Emma, Vinzenz. Nein, wir sind nicht im Kindergarten gelandet, sondern im Bärenwald. Dort, wo ehemalige Zirkusbären ihren Lebensabend verbringen können. Ein Projekt von VIER PFOTEN, das seit rund 20 Jahren sehr erfolgreich ist. Vor allem Kinder lieben es, den flauschigen Riesen beim Schnarchen zuzusehen. Allzu nahe kann man ihnen dabei nicht kommen – das Wohl der Bären steht im Vordergrund. Deshalb gibt's weder Schaufüttern noch verspielte Jungtiere. Dafür aber eine schöne Spazierrunde ums weitläufige Gehege – mit Niederseilgarten, Spielplatz und Kletterbären. Umso schöner das Erlebnis, wenn einer der Bären wirklich Richtung Zaun trabt oder genüsslich ein Bad nimmt im kleinen Teich. Da weiß man: Diesen Bären geht's gut.

Bärenwald Arbesbach
Schönfeld 18
3925 Arbesbach
www.baerenwald.at

Regelmäßige Führungen oder gegen Voranmeldung am Wunschtermin:
Tel: 02813/7604
office@baerenwald.at

© VIER PFOTEN. Stefan Knöpfer

Bärentrail
Etappen und Infos auf
www.baerentrail.at

Restaurant Bärenhof
Schönfeld 18
3925 Arbesbach
www.baerenhof-kolm.at

Außergewöhnliche Lokale auf www.jre.eu

WANDERN AUF DEM BÄRENTRAIL

Arbesbach ist Start und Ziel von zwei tollen Trekking-Wegen: Der **große Bärentrail** ist 69 Kilometer lang, der kleine 25 Kilometer. Beide führen durch die einzigartige Waldviertler Landschaft – vorbei an moosigen Granitsteinen, durch den Wald, das Moor und Schluchten. Mehrere familienfreundliche Abschnitte und Routen sind als **Teddybärentrails** gekennzeichnet.

EINKEHREN BEIM BÄRENWIRT

Beim Bärenwald Arbesbach gibt's ein kleines Buffet. Daneben das Restaurant von Michael Kolm, der **Bärenhof.** Hier kann man wirklich außergewöhnlich gut speisen. Als Starter serviert das Team zum Beispiel Erdäpfelbrot mit Rucolapesto. Dazu Kekse aus Pinienkernen und Dörrzwetschken. Das macht Vorfreude – zum Beispiel auf geschmorte Backerl, rosa Beiried oder ein klassisches Schnitzel. Der Bärenhof ist übrigens auch Mitglied der **Jeunes Restaurateurs.**

Unter dem Titel **Gerüch(t)eküche** entwirft die junge Generation im **Gasthaus Vianko** in Groß Gerungs mehrgängige Menüs an speziellen Sommerabenden. Dafür werden Gemüse, Kräuter und Blüten aus dem eigenen Garten zu Essenzen, Säften und Sirup verdichtet. Konstantin Krammer sorgt für die äußerst spannende Weinauswahl.

www.geruechtekueche.info
Im Wirtshaus gibt's übrigens noch eine Kegelbahn aus den 70ern!

Dieter Juster hat den Begriff Bühnenwirt geprägt wie kein anderer.
Heute berät er Gastronomen & Kulturschaffende und schaut, dass die
Leut' zusammenkommen. Einmal Wirt, immer Wirt. **www.juster.jetzt**

VOM BÜHNENWIRT ZUM KULTURBERATER

Einen Tag im Waldviertel – was muss man unbedingt sehen?
Ich würd' lieber SPÜREN sagen! Das Waldviertel richtig spüren kann
man am Peilstein, in der Ysperklamm, am Wachtstein, in der
Gudenushöhle … Da gäb's eine lange Liste!

In welchem Wirtshaus triffst du dich mit guten Freunden zum Essen?
Dort, wo wirklich gekocht wird. Ich selber bin ein recht genügsamer
Gast. Wenn es nur ein Gericht gibt, das aber mit wirklich guten
Produkten und viel Liebe zubereitet wird, kann man mich schon sehr
glücklich machen.

Und wo auf einen Absacker am Abend?
Ich mag Orte, wo sich Gespräche so richtig gut entwickeln können,
im Sinn von Austausch, Kennenlernen, Neues erfahren. Für einen
„Absacker" reicht dann auch der Liegestuhl unter'm Sternenhimmel.

Welche Kulturprojekte beeindrucken dich gerade besonders?
Jede Initiative, wo gemeinsam mit Qualität an einer Sache gearbeitet
wird – egal ob das ein Atelier oder eine Bühne oder eine Idee ist.
Vorhandenes und Neues zu entdecken, ist was Großartiges!

DER DUFT VON FREIHEIT

Wenn's nach Kurkuma und Zimt duftet, dann ist man wahrscheinlich bei SONNENTOR in Sprögnitz gelandet – *dem* Paradies für alle, die geschmackstechnisch gern aus dem Vollen schöpfen. Hier kann man sich durch Gewürze, Tees und Kräutermischungen kosten, Knabberstangerl, Kekse und andere Köstlichkeiten im **Shop** erstehen. Bei einer **Betriebsführung** blickt man hinter die Geschmacks-kulissen, kann den Mitarbeitern in der Produktion über die Schulter schauen.

ERSTES BIO-WIRTSHAUS DES WALDVIERTELS

Die SONNENTOR **Leibspeis'** ist das erste Gasthaus hier, das voll biozertifiziert ist. In dem hellen Lokal geht's bunt zu. Klassiker wie Gulasch vom Blondvieh stehen auf der Karte, gemixt mit vegetarischen und veganen Gerichten. Gewürzt mit den hauseigenen Kräutern, versteht sich.

SONNENTOR
3910 Sprögnitz 10
Regelmäßige Betriebsführungen
siehe www.sonnentor.com

Gruppenführungen ab 20 Personen
nach Vereinbarung.

Sonnenkuss-Brunch & Braten-sonntage: In der Leibspeis' gibt es viele Sonderveranstaltungen. Auf Wunsch auch Picknick-Körbe.

Öffnungszeiten siehe Website, reservieren unter Tel: 02875/20300

Alle Produkte gibt's im Shop in Sprögnitz
und auf www.sonnentor.com

Gewusst? Die Gehwege am
SONNENTOR-Gelände werden mit
Kräuterstängeln gemulcht. Deren Duft ist
ein Wahnsinn und man kann sie auch
für den eigenen Garten kaufen.

FREI-HOF: AUCH SO KANN LANDWIRTSCHAFT

Einer der Neuzugänge in der SONNENTOR-Welt ist der Frei-Hof. Ein biologischer Bauernhof, der nach Permakultur-Grundsätzen bewirtschaftet wird. Hier wird gezeigt, dass eine kleinstrukturierte Landwirtschaft im Kreislauf der Natur funktioniert und auf chemische Hilfsmittel verzichten kann. Das heißt unter anderem recyceln statt wegwerfen, teilen statt horten. Das produzierte Gemüse landet im Gasthaus Leibspeis' und in der Betriebsküche. Bei einer **Führung über den Frei-Hof** kann man in diese Welt hineinschnuppern und die verschiedenen bunten Beete bewundern. Natürlich gibt es auch Tipps für den eigenen Garten. Nachmachen ist erwünscht! Wer tiefer eintauchen möchte, belegt einen Permakultur-Kurs. Der nächste Schritt: eine Übernachtungsmöglichkeit am Gelände. Eine runde Sache, hier bei SONNENTOR.

SETZT DEM SCHAUM DIE KRONE AUF.

BIERIGE TIPPS IM WALDVIERTEL

Laut *Bierland Österreich* gibt es in Niederösterreich rund 22 Brauereien und 33 Gasthausbrauereien. Wilkommen im schaumigen Schlaraffenland! **www.bierland-oesterreich.at**

Im Waldviertel sind gleich mehrere Big Player am Start. Was man nicht versäumen sollte, ist die **Bierbrauerei Schrems**. Da kann man auch eine Brauereiführung machen. Die **Stadt Weitra** ist die älteste Braustadt Österreichs – hier ist das **Weitra-Bräu** zuhause, einen Bier-Kirtag gibt es im Sommer auch. **www.bierwerkstatt.at**

Besonders spannend sind die vielen Wirtshäuser, die selber brauen. Zum Beispiel die **Wirtshausbrauerei Haselböck** in Münichreith: **www.wirtshausbrauerei.at**

Wer tiefer ins Thema eintauchen will, fährt zu den Schrammels nach Kottes. In ihrem **Gasthof zur Kirche** kann man sogar in Bier baden. Prost! **www.waldviertler-bierbad.at**

Das **Wirtshaus im Demutsgraben** bei Zwettl braut mit regionalen Bieren übrigens auch kulinarische Schmankerln: die Zwettler Bierknödel. **www.demutsgraben.at**

Hallo

Ich freue mich Ihnen mitteilen zu dürfen, dass Sie
das BESTE BIER der Welt haben!

lg
[signature]

„MAN MUSS DIE DINGE IN DIE HAND NEHMEN."

GROSSSCHÖNAU ZEIGT VOR, WIE MAN EIN THEMA BESETZT

Die äußeren Zipfel des Waldviertels sind touristisch kein leicht bespielbarer Boden. Dass man hier trotzdem viel hochziehen kann, zeigt Großschönau. „Man muss die Dinge in die Hand nehmen", ist das Motto der Marktgemeinde. Deshalb stehen hier alle Zeichen auf Energie. Das Thema wird auf unterschiedlichste Art beackert. Vom Wünschelrutenweg bis zum Sternzeichenpark. Im Bioenergetischen Trainingszentrum kann man sich energie-technisch in den verschiedensten Kursen aufladen. Panta rhei!

Infos für Besucher auf
www.schoenau.at

SONNENWELT: GEBALLTES ENERGIE-WISSEN

Das Vorzeigeprojekt der Marktgemeinde ist die SONNENWELT. Eine wirklich umfassende Ausstellung zum Thema Energie, Umwelt und Ressourcen-Verbrauch. Hier wird die Menschheitsgeschichte – und ihr Umgang mit dem Thema Wohnen & Energie – in 12 Stationen aufgerollt. Ein Muss für alle künftigen Häuselbauer oder -umbauer! Auch für Kinder gibt's in der SONNEN-WELT viele Stationen zum Ausprobieren – selber Strom

SONNENWELT
Sonnenplatz 1
3922 Großschönau
www.sonnenwelt.at

Geöffnet von Palmsonntag
bis Ende Oktober.

Wer gerne zur Rute greift, schaut auf
www.wuenschelrute.at

erzeugen zum Beispiel oder mit dem großen Rad Gewichte heben. Ein gutes Ausflugsziel für Groß und Klein, weil sich hier jeder das Seine mitnehmen kann.

HOLZRIESEN & WANDERWEGE

Auf rund 1350 Großschönauer kommen knapp 60 Holzskulpturen. Wer die mächtigen Dinger aus der Nähe bestaunen will, begibt sich am besten auf den **Kunst- und Kultur-Erlebniswanderweg.** Der führt vom Dorfplatz = Platz der Elemente über fünf Kilometer durch die ganze Gemeinde. Wem das zu wenig ist, der nimmt den **Wünschelrutenweg,** der führt vom Bioenergetischen Zentrum auf den Johannesberg. Nachher stärkt man sich am besten bei einem der **Erpfiwirte.** Das sind Gasthäuser in der Region, die sich um die Waldviertler Knolle besonders bemühen. Bauern, Wirte & Rezepte auf **www.erpfi.at**

ROSA TAN
HER
BLAUER
MEHLIGER M
IMPA

ENZAPFEN

MES

CHWEDE

ÜHLVIERTLER

A

... alles Erdäpfelsorten, die im Waldviertel wachsen. Die Sorte Ditta war übrigens namensgebend für eine besondere private Kulturinitiative: **SALON DITTA.** Stets am Sonntag-Nachmittag wird kulturelles Frohvergnügen geboten, so die Selbstbeschreibung. Live-Musik, Lesungen, Kleinkunst. Darf alles! An unterschiedlichen Orten im Waldviertel. Info auf **www.salonditta.jimdo.com**

3 ENTDECKUNGEN IN GMÜND

DER BESTE MOHNZELTEN

Im Zuge der Buch-Recherchen wurden dutzende Mohnzel-ten verkostet. Herausragend waren die der Bäckerei Döller am Stadtplatz.

Bäckerei Döller
Stadtplatz 35
3950 Gmünd

DER SCHÖNSTE EISSALON

Mitten am Stadtplatz thront Franzi's Eisdiele. Entweder man bestellt sich eine süße Eiskreation und setzt sich oder man schlendert mit der süßen Tüte um den schönen Platz.

Franzi's Eisdiele
Stadtplatz 26 im Alten Rathaus
3950 Gmünd

DER KÜRZESTE WEG ZUM NACHBARN

Der Stadtteil Gmünd 3 liegt schon in Tschechien. Man kann hier also wunderbar über die Grenze zum Nachbarn spazieren.

DIE KOSTBARKEITEN DER FRAU HUBMAYER

DAS GESCHÄFT „ALTES AUS STADT UND LAND" AM STADTPLATZ

Altes aus Stadt und Land
Ingrid Hubmayer
Stadtplatz 2, 3950 Gmünd
Tel: 02852/54687

Öffnungszeiten:
Donnerstag: 14–17 Uhr
Freitag: 10–12 & 14–17 Uhr
Samstag: 10–12 Uhr

Angefangen hat alles 1979 mit dem 1. Flohmarkt in Gmünd am Stadtplatz 2. Aus diesem Hobby wurde Leidenschaft – und Ingrid Hubmayer gründete genau hier das Geschäft „Altes aus Stadt und Land". Heute gibt es hier tausende Luxus- und Gebrauchsgegenstände. Zu jedem einzelnen Stück kennt Ingrid Hubmayer die Geschichte – wie es verwendet wird und woher es kommt.

Manche würden „Vintage" sagen, dabei ist hier ALLES einfach original!

Filz, Leder, Panama: Verschiedenste Hüte in toller Qualität gibt's bei HUT-FRITZ.

HUT AB, FRAU FRITZ!

GUT BE-HÜTET IN GMÜND

HUT-FRITZ
Stadtplatz 28, 3950 Gmünd
www.facebook.com/HutFritz

Öffnungszeiten:
Montag, Dienstag, Donnerstag,
Freitag von 8:30–12 & 14:30–18 Uhr
Mittwoch & Samstag: 8:30–12 Uhr

Hüte gibt's am Stadtplatz Nummer 28 schon seit 1871. Seit 2007 führt Elisabeth Fritz die Geschicke des Geschäfts HUT-FRITZ. Das Sortiment hat sie stetig erweitert: Schirme, Kinder-Kappen, Sonnenhüte. Handschuhe gibt's auch. Zum Beispiel aus feinem Peccary-Leder, vormals ein amerikanisches Nabelschwein. Generell kommen Frau Fritz nur Hüte erster Güte in die Tüte. „Die Qualität muss passen – ich kaufe von Herstellern aus Österreich, Deutschland und Italien." Den Kunden taugt's. Die meisten sind Stammkunden, die immer wieder zu Frau Fritz ins Geschäft kommen.

FÜR JEDEN TOPF EINEN DECKEL

58 Zentimeter – so umfangreich ist der durchschnittliche Waldviertler „Mostplutzer". Eine Größe, die immer gut geht. Hat übrigens nichts damit zu tun, ob jemand ein Hutgesicht hat. Das ist oft auf den ersten Blick nicht ersichtlich. Aber Frau Fritz hat auch für schwierige Fälle etwas Passendes. In Gmünd findet jeder Topf seinen Deckel.

360 GRAD GENUSS IN GMÜND

ROMANTIK HOTEL GOLDENER STERN

Viel Platz, echtes Holz, wunderbar weiche Bettwäsche: Die Zimmer des Romantik Hotels Goldener Stern fühlen sich nach Urlaub an. Ein Ort, an dem man sich um nichts kümmern muss. Hier lesen einem die Familie Siller und ihre Mitarbeiter jeden Wunsch von den Augen ab. Viele davon arbeiten schon lange im Hotel, wissen also worauf es ankommt. Und das sind oft Details. Blumen in der Lobby. Hausgemachte Marmelade zum Frühstück. Ein persönlicher Tipp von den Gastgebern.

Übrigens: Fragt man die Mitarbeiter nach einem Ausflugstipp, empfehlen sie die Glasmanufaktur Zalto in Neu-Nagelberg. www.waldglashuette.at

STERNTORTE MIT SCHOKOGUSS

Die Küche im Goldenen Stern ist traditionell österreichisch. Regionale Produkte wie der Karpfen stehen hier

Romantik Hotel Goldener Stern
Familie Siller
Stadtplatz 15
3950 Gmünd
www.goldener-stern.eu

regelmäßig auf der Speisekarte. Auch gebraten mit knackig-frischem Gemüse. Waldviertel kann auch ganz leicht! Das Brot kommt von den Gmünder Bäckereien, die Spezialität des Hauses aus der Backstube: die Sterntorte. Eine Waldviertler Verführung aus Mohn und Schokolade. Kann man übrigens auch mitnehmen.

EIN HAUS MIT GESCHICHTE

Das Haus kann viele Geschichten erzählen. Kein Wunder, hier werden schon seit über 250 Jahren Gäste empfangen. Heute gibt's hier 40 Zimmer, einen kleinen Wellness-Bereich, ein Restaurant mit Innenhof und Terrasse – und den perfekten Standort, um Gmünd und Umgebung zu entdecken. In den Naturpark Blockheide ist es nur ein Sprung, genauso wie ins Sole Felsen Bad Gmünd oder zur Waldviertelbahn.

Diesen Platz gibt's kein zweites Mal: Am Gelände des ehemaligen Steinbruchs in Schrems kann man exklusive Baumhäuser mieten.

DIE HÖCHSTEN HÄUSER VON SCHREMS

ÜBERNACHTEN IN DER BAUMHAUS LODGE

Mitten im nördlichen Waldviertel liegt ein Hotel mit 92 % Auslastung. Kein Wunder, denn die Baumhaus Lodge ist einzigartig. Fünf moderne Mini-Appartments kann man da in den Baumwipfeln rund um einen kleinen Teich am Ortsrand beziehen. Die meisten sind für Zwei, ein Haus für vier Personen gibt's auch – sogar inklusive Dachterrasse in 18 Metern Höhe.

3-GÄNGE-MENÜ ZWISCHEN DEN WIPFELN

Die Häuser sind alle top ausgestattet mit Bad und Pelletsofen, damit auch das ganze Jahr bewohnbar. Frühstück wird ins Haus geliefert, so wie andere kulinarische Packages. Eine Steinbruch-Jause zum Beispiel oder ein schönes 3-Gänge-Menü. Wer zwischendurch aus den Bäumen kraxeln will, erkundet die Gegend: das Naturparkzentrum Unterwasserreich, das Moorbad, das Kunstmuseum und IDEA Designcenter Schrems, die Brauerei Schrems oder die Schuhwerkstätte von Heini Staudinger. Den ganzen Steinbruch mit allen 5 Häusern kann man übrigens auch für Hochzeiten & andere Feste mieten.

Baumhaus Lodge Schrems, Herrenteichweg
www.baumhaus-lodge.at

WAIDHOFEN SCHMECKT NACH MUSIK!

Stadtgemeinde
Waidhofen an der Thaya
Hauptplatz 1
www.waidhofen-thaya.at

An der Thaya! Waidhofen gibt es in Niederösterreich ja zwei Mal. Hier geht's um das Zentrum im nördlichen Waldviertel. Eine kleine Stadt mit großem Rathaus. Am besten man dreht darum eine schöne Runde. Rund um den Hauptplatz gibt es sowohl kulinarische als auch kulturelle Schätze zu heben.

SCHOKO-VIELFALT & WAIDHOFNER EIS

Thayataler
Schokoladen-Manufaktur
Andreas Müssauer
Böhmgasse 19
3830 Waidhofen/Thaya
www.muessauer.at

Erdäpfel und Mohn. So schmeckt das Waldviertel – und die Waidhofner Schokolade. Sie kommt aus der **Thayataler Schokoladen-Manufaktur** des Konditormeisters Andreas Müssauer. Ein schönes Mitbringsel. Genauso wie die rund zwölf anderen Schokoladen hier. Viele Waldviertler Klassiker werden in die Schokolade „verwurstet". Waldviertler Whiskey und Schremser Bier zum Beispiel. Ein Abstecher zum Müssauer lohnt sich. Genauso wie in die **Konditorei Schützner,** in der man sich das Waidhofner Eis holen kann. Milchcreme mit Zwetschke, sehr gut!

PORTIONSWEISE PROMENIEREN

Zwei nette Strecken rund ums Zentrum sind die **Nord- und die Südpromenade.** Kleine Abschnitte entlang der Stadtmauer. Im Süden sieht man da schön aufs Niedertal. Weiter spazieren kann man zum Beispiel zur **Großen Basilika.** Dort warten satte 97 Dioritfindlinge – Riesen-Steine, die in Kreisform gelegt wurden. Lustige Fotomodels! Wer viel fotografiert und promeniert, braucht ordentliche Portionen. Die gibt es zum Beispiel im urigen **Landgasthof Streicher** ein bissl außerhalb der Stadt in Vestenötting. Tolle Fleisch- und Grammelknödel im schattigen Gastgarten!

Landgasthof Streicher
Verstenötting 27
3830 Waidhofen/Thaya
www.landgasthof-streicher.at

FOLK & THEATER AN DER STADTMAUER

An der Stadtmauer liegen auch die Kultur-Highlights: Das **TAM – Theater an der Mauer.** Experimentelles Theater, Bauchtanztraining und Theaterwerkstätten für Kinder und Erwachsene stehen am Programm. Theater und Kabarett, Eigenproduktionen und Gastspiele – und das seit 1998! Ungefähr genauso lange gibt es das **Igel,** das Vereinslokal des **Folk Club Waidhofen.** Direkt an der Stadtmauer in einem ehemaligen Pferdestall. Hier organisiert der Verein immer wieder Konzerte und Lesungen – da waren schon Größen wie H.C. Artmann und Peter Turrini zu Gast. Der Folk Club Waidhofen steht übrigens auch hinter dem Musikfest Waidhofen. Infos auf Seite 141.

TAM-Theater an der Mauer
Wiener Straße 9-11
3830 Waidhofen/Thaya
www.tam.at

IGEL
Böhmgasse 18/6
3830 Waidhofen/Thaya
www.folkclub.at

1171 Waydhoff

n diesem Ort solle vor etlich hundert Jahren eine rechte Wildnus und Waldung gewesen sein, alwo hernach die Herzoge von Oesterreich zur Ergoetzung des Waydtwerchs einen Waydthoff erbauen und ein Hirschengeweih anbringen ließen. An Stelle jenes Jagdhofes stehe jetzt dieses Haus mit dem Hirschgeweih.

KLASSIKER: MUSIKFEST WAIDHOFEN

Am Schulschluss-Wochenende verwandelt sich ganz Waidhofen jedes Jahr zur Bühne: Das **Internationale Musikfest Waidhofen** ist mittlerweile ein Klassiker – gibt es schon seit fast 40 Jahren! Die Hauptbühne steht in einer umfunktionierten Badehütte aus den 1930ern. Dazu noch eine kleine Thaya-Bühne direkt am Fluss. Drei Tage rundes Musikprogramm mit über zwanzig Bands. Ein echtes Erlebnis! Infos und Tickets via **www.folkclub.at**. Alle Besucher des Festivals können den Campingplatz übrigens gratis benützen. Wer sich lieber weich bettet, der quartiert sich bei Christa Temper am schönen **Thayahof** ein: **www.thayahof.com**

KLASSISCH: JUGENDMUSIKFEST MUSIKWELTEN

Ein Waidhofner, der international Karriere gemacht hat, ist der Dirigent Manfred Müssauer. Er steht hinter den **Musikwelten,** einem klassischen Musikfest, das in den Sommermonaten viele verschiedene Orte bespielt. Da kann man zum Beispiel in Waldviertler Privatschlösser, die sonst nicht zugänglich sind. Programm auf **www.musikwelten.eu**

LUST AUF GÄNSEBLÜMCHEN?

ORT DER TAUSEND GERÜCHE:
DER NATURLADEN VON EUNIKE GRAHOFER

Eunike Grahofer kennt sie alle persönlich, ihre Lieferanten. Größtenteils Bauern rund um Waidhofen, die ihre Waren in den kleinen Naturladen bringen. Und das sind viele. Hier kann man hunderte Produkte entdecken, darunter auch Ungewöhnliches wie Löwenzahnextrakt oder eingelegte Gänseblümchen (ein tolles Antipasto übrigens!). Säfte, Tee- und Gewürzmischungen gibt es. Dazu außergewöhnliche Öle und Essige – wie zum Beispiel den Schlehen-Essig, eines von Eunike Grahofers Lieblingsprodukten.

eunike grahofer naturladen
Böhmgasse 2
3830 Waidhofen/Thaya

Viele Produkte und alle Bücher gibt es auch im Online-Shop:
www.eunikegrahofer.at

EINGELEGTES VON DER NATURLINIE

Das alles wäre Eunike Grahofer noch viel zu wenig. Deshalb hat sie ihre eigene Produktserie entwickelt: die **naturlinie.** Knallbunt und prallgefüllt stehen sie da, die Gläser mit eingelegtem Gemüse. Sommer das ganze Jahr über.

Waldviertler Kraftsuppe

Rezept von Eunike Grahofer

3 Handvoll junge Brennesseln
2 kleine Erdäpfel
Salz. Pfeffer, Knoblauch,
Suppenwürze
pro Person 1 Ei

Die Brennesseln waschen und in den Kochtopf geben, mit Wasser aufgießen. Die Erdäpfeln klein würfeln, dazugeben und alles leicht köcheln. Mit Salz, Pfeffer, Knoblauch und Suppenwürze abschmecken. Pürieren. Ei in die Suppe schlagen und 3 Minuten am warmen Herd stehen lassen – dann ist die Konsistenz genau richtig. Wer will, verfeinert die Suppe noch mit Schlagobers.

Ein Rezept aus dem DIY-Rezepte-Buch „Durchs Bauernjahr"

DIE TAUSEND TALENTE DER FRAU GRAHOFER

Sie selbst ist zwei Tage die Woche im Laden. Die anderen tourt Eunike Grahofer durchs Land zum Thema Ethnobotanik. Oder sie schreibt. Altes Pflanzen-Wissen zu bewahren und weiterzugeben – das ist ihr besonders wichtig. So sind schon mehrere Bücher entstanden, zum Beispiel „Die Leissinger Oma". Geschichten, die die Leute interessieren. So wie die Rezepte im DIY-Rezepte-Buch. Damit kann man selber Franzbranntwein brauen oder Verbrennungssalbe anrühren. Je nach Jahreszeit, ganz im Rhythmus der Natur. „Wenn's aus ist, ist's aus", lacht Eunike Grahofer. Das gilt auch für ihre Produkte im Laden. Dann kommen die nächsten. Hauptsache: immer etwas Anderes!

Waldviertler Bio-Erdäpfel in Reinform:
nørderd PURE POTATO VODKA
gibt's im 0,5l- und 0,7l-Gebinde
auf **www.norderd.at**

WENN WAIDHOFNER VODKA MACHEN ...

... DANN MIT ANSPRUCH!

Wenn ihr im Supermarkt Bio-Erdäpfel kauft, dann sind sie wahrscheinlich durch die Hände von Johann Ackerl gegangen. Er ist einer der Bio-Pioniere des Waldviertels und sowohl Bauer als auch Händler. Heute beliefert er mit seinem Unternehmen PUR die großen Handelsketten mit Bio-Erdäpfeln und -Zwiebeln – im Moment tüftelt er übrigens an biologischen Süßkartoffeln und Knoblauch aus dem Waldviertel.

PURE VODKA:
„DIE ABSTRAKTION UNSERER ARBEIT"

Da Erdäpfel trotz Lagerhalle mit perfektem Kühlsystem nicht unbegrenzt haltbar sind, entwickelte Johann Ackerl ein Produkt, das Bestand hat und auch lange Lieferwege bestens meistert: den Vodka. Selbstverständlich auch bio. Unter der Marke **nørderd** kann man somit drei Vodkas erstehen – aus Erdäpfeln, Roggen oder Apfel. Die glasklaren Wässerchen gibt's in ausgewählten Läden in der Region – zum Beispiel in der Käsemacherwelt in Heidenreichstein (Seite 158) und im Online-Shop auf **www.norderd.at**

GUTEM BROT AUF DER SPUR

20 verschiedene Arten Brot – von hell bis dunkel, von reinem Sauerteig bis Misch- und Erdäpfelbrot: **Fritz Potocnik** war langjähriger Geschäftsführer von Bio-Troad, der Backstube, die früher für Joseph Brot produziert hat. Nun macht der Bäckermeister sein eigenes Ding in seiner Backstube in Burgerwiesen: **brotocnik.at**

Potocniks Bio-Brote gibt's an vielen Standorten – die Übersicht auf der Website. Gegen Voranmeldung kann man auch in die Backstube kommen. Sein Wissen gibt Fritz Potocnik übrigens weiter in der **Ersten Waldviertler Bio Backschule,** da könnt ihr voll aufgehen in den diversen Brot-Workshops. **www.bio-backschule.at**

In Burgschleinitz arbeiten 35 Bäckerinnen und Bäcker inmitten von Wiesen und Feldern. In der **Brotmanufaktur von Joseph Brot** kann man durch die Glasfront im Verkaufsraum dabei sogar zusehen. Einkaufen natürlich auch. Der Rest der rund 3.000 Brote pro Tag geht in die Joseph-Filialen in Wien und an zahlreiche andere Genuss-

Adressen: **www.joseph.co.at/brotmanufaktur** Ein weiterer großer Name in Sachen Brot ist **Kasses.** Die Bäckerei in Thaya liefert bis ins Schwarze Kameel nach Wien. Direkt vor Ort in der Bäckerei kann man von Montag bis Samstag ab 5.30 Uhr einkaufen. Der frühe Vogel fängt das Brot! **www.kasses.at**

KUNST UNTER
WEBSTÜHLEN

DIE KUNSTFABRIK GROSS SIEGHARTS

Ist man im Waldviertel unterwegs und will
spannende Kunst sehen, kommt man an der
Kunstfabrik Groß Siegharts nicht vorbei.
Die ist nämlich ein Kunstwerk für sich – im
Dachgeschoss der ehemaligen Weberei befinden
sich noch Webstühle aus 1900. Ein Platz mit
ganz viel Patina, den **Günther Gross** zuneh-
mend für Ausstellungen und Symposien nützen
will. So wie die anderen Stockwerke: Hier präsentiert er Ausstellungen österreichischer und
internationaler Künstler – gute Kontakte hat der
Netzwerker. Auch zu den Kunst-Universtäten.
Im ersten Stock bietet er junger Kunst einen Son-
derraum und ein Atelier, um auszuprobieren.
Prädikat: *Auf jeden Fall vorbeischauen!*

Kunstfabrik Groß Siegharts
Karlsteiner Straße 4
3812 Groß Siegharts
www.galerien-thayaland.at/kunstfabrik

Öffnungszeiten auf der Website
bzw. nach telefonischer Vereinbarung.

RUNDE SACHE IN RAABS

KULINARISCHE ENTDECKUNGEN

Raabs ist überschaubar – und gut überschauen kann man Raabs zum Beispiel vom Gasthof Heinrich Strohmer aus. Da trifft man sicher auf eine redselige Herrenpartie, die gleich die passenden Tipps parat hat: Da wär' zum einen einmal die Spezialität des Hauses. Nicht umsonst nennt sich Heinrich Strohmer **„Blunznwirt".** Bis nach Frankreich hat er seine Blutwurst getragen und dort beim „Concours international du meilleur boudin" die höchste Auszeichnung abgeräumt. Heute gibt's im Wirtshaus Blunzn auf verschiedene Arten. Je nach Außentemperatur. Sauer. Gebacken. Gebraten.

Ein Stamperl danach kann nicht schaden. In Raabs an der Thaya ist man richtig. Denn verschiedene Schnapsbrenner haben sich zur ARGE **Obstbrandweg Thayaland** zusammengetan. Einmal im Jahr – immer am 2. Samstag im November – gibt es den Obstbrandtag **„Das Thayatal brennt".** Da haben alle Brennereien offen. Inklusive Shuttlebus!

Gasthof Heinrich Strohmer
Hauptplatz 4
3820 Raabs/Thaya
Tel: 02846/238
www.cooking-foryou.at

Mehr dazu auf
www.raabs-thaya.gv.at

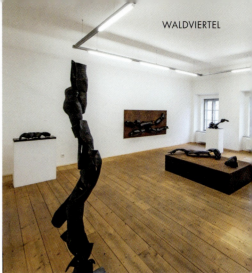

SCHWITZEN MIT AUSSICHT

Thayatal Vitalbad
Hauptstraße 2a
3820 Raabs/Thaya
Tel: 02846/73554
www.thayatal-vitalbad.at

Wenn das raue Waldviertler Klima voll zuschlägt, dann wirft man sich am besten ins Thayatal Vitalbad. Da gibt es unter anderem eine Sauna mit besonderer Aussicht – nämlich auf die Thaya. Die ist in Raabs gewiss allgegenwärtig. Im Fluss kann man sich nach absolviertem Aufguss natürlich gerne erfrischen. In den Sommermonaten schwitzt man einfach in der Sonne und springt in die Thaya.

VIEL RAUM FÜR KUNST IM LINDENHOF

Die alte Pfarrresidenz in Oberndorf bei Raabs stammt noch aus dem 13. Jahrhundert. 2009 wurde der „Lindenhof" generalsaniert. In den schönen Räumen kann man sich heute immer wieder wechselnde Ausstellungen ansehen. Zwei Galerien gibt es: Die **Galerie Lindenhof Raabs** im Erdgeschoss und den **Raum für Kunst im Lindenhof** im Obergeschoss. Hier setzt der künstlerische Leiter Franz Part ganz auf zeitgenössische Kunst – und da geht es durchaus international zu.

Raum für Kunst im Lindenhof
Oberndorf 7
3820 Raabs/Thaya
Tel: 0676/90 17 441
www.galerien-thayaland.at

Der Raum für Kunst ist übrigens ein Teil der **Galerien Thayaland**. So wie der barocke Schüttkasten in Primmersdorf und die Kunstfabrik Groß Siegharts (Seite 148).

MIT DEM KANU AUF DER THAYA

Die Thaya hat sich richtig eingegraben in die Gegend rund um Raabs. Scharfe Kurven und spektakuläre Landschaften kann man da mit dem **Kanu** abpaddeln, vorbei am imposanten Schloss Raabs. Voraussetzung ist natürlich, dass der Wasserstand passt. Dann steht der Kanufahrt nichts mehr im Wege. Drei Routen zwischen 10 und 13 Kilometern Länge sind von Raabs aus befahrbar. Buchen kann man die Kanu-Touren zum Beispiel beim Hotel Thaya und Informationen dazu erhält man beim Tourismusverband Thayatal.

MIT DEM RAD AUF EHEMALIGEN BAHNTRASSEN

Wer gerne Rad fährt, kann in Raabs auf den Thayaland-Radweg einsteigen. Die 111 Kilometer lange **Thayarunde** führt bis ins tschechische Slavonice, nach Waidhofen an der Thaya und Göpfritz an der Wild. Knapp die Hälfte der Strecke fährt man übrigens auf ehemaligen Bahntrassen. Etappen und Übernachtungsmöglichkeiten findet man auf **www.thayarunde.eu**.

Tourismusverband
Nationalparkregion Thayatal
Hauptstraße 25
3820 Raabs/Thaya
Tel: 02846/365-20
www.thayatal.com

Hotel Thaya
Hauptstraße 14-16
3820 Raabs/Thaya
Tel: 02846/202
www.hotelthaya.at

Zukunftsraum Thayaland
Lagerhausstraße 4
3843 Dobersberg
Tel: 02843/26135
www.thayaland.at

RAABSER HASELNUSS-ENKLAVE

Sie sind eine der ganz wenigen in ganz Österreich: Die Theurers aus Modsiedl (2 km von Raabs entfernt) bauen Haselnüsse an, weil eine gemischte Landwirtschaft irgendwann nicht mehr wirtschaftlich war. Deshalb haben sie auf die Nuss gesetzt – heute wachsen auf sieben Hektar rund 4.000 Haselnussbäume. Ertrag steigend, Nachfrage auch. Kein Wunder, denn wer einmal eine Theurer'sche Nuss gekostet hat, mag die aus dem Supermarktregal nicht mehr. Hier tun sich Geschmackswelten auf, wie auch beim Haselnussöl, das die Familie selbst herstellt – eine pure Geschmacksexplosion, toll für Salate, saure Wurst oder süße Desserts. Am besten macht man gleich eine Verkostung am **Genusshof** und shoppt dann im Hofladen Mitbringsel für Zuhause.

geNUSShof Theurer
Modsiedl 13/14
3820 Raabs/Thaya
Tel: 02846/7724
www.waha-theurer.at
Verkostungen gegen Voranmeldung.

FROTTEE OLÉ

EIN ECHTER TRADITIONSBETRIEB SEIT 1908: FROTTIERWAREN VON FRAMSOHN FROTTIER

Früher einmal war das Waldviertel eine große Textil-gegend. Framsohn Frottier ist ein Betrieb, der die vielen Veränderungen gut geschafft hat – in der Fabrik in Klein-pertholz arbeiten heute über 50 Mitarbeiter. Weben, Waschen, Färben, Nähen – wird alles vor Ort gemacht. Das Wasser für die Produktion kommt sogar aus der eigenen Quelle. Die Frottier-Produkte von Framsohn Frottier sind also Lokalkolorit pur. Da trocknet sich's gleich noch bes-ser ab mit den flauschigen Tüchern und Bademänteln. Von klassisch, verspielt bis modern reicht die Design-Palette.

BETRIEBSFÜHRUNGEN & OUTLET

In die großen Produktionshallen gelangt man mit einer **Betriebsführung.** Die dauert rund eine halbe Stunde und ist von Montag bis Freitag gegen Voranmeldung möglich. Ein Tipp ist das **Outlet:** Hier könnt ihr zu Fabrikspreisen einkaufen. Es lohnt sich zu stöbern. Auch so manches Schnäppchen lässt sich machen.

fram sohn
1908

Framsohn Frottier
Kleinpertholz 65
3860 Heidenreichstein
www.framsohn.at
Inklusive Online-Store!
Tel: 02862/52455-220
outlet@frahmsohn.at

Öffnungszeiten
Framsohn Outlet:
Montag bis Freitag: 9-17 Uhr
Samstag: 9-13 Uhr

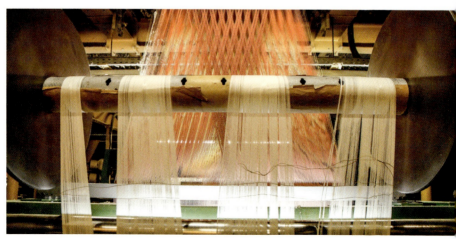

Einsprungverhalten: Ein gutes Handtuch erkennt ihr daran, dass es sich auch nach zahlreichen Wäschen weich anfühlt und nicht „einspringt", also sich nicht entlang der Nähte verformt.

BIO-HANDTÜCHER ORGANIC TOUCH

Der Waldviertler Familienbetrieb ist tief verbunden mit der Region und ihrer Umwelt. Unter der Linie **Organic Touch** stellt Framsohn Frottier hochwertige Dusch- und Handtücher aus Bio-Baumwolle her. Bei allen Produktionsschritten wird auf Nachhaltigkeit geachtet – vom Anbau der Baumwolle bis zum Einsatz von biologischen Naturfarbstoffen. So kann man aus Produkten in sieben stimmigen Farben wählen, die schonend und nachhaltig produziert wurden. Eine schöne Sache!

Organic Touch: Die Farbpalette reicht von Natural White über dezentes Grün, edles Grau bis zu vollem Violett.

BIRGIT WEINSTABL

Du designst Porzellan-Schmuck. Daneben gibt es noch die andere künstlerische Seite. Erzählst du uns darüber?
Ich arbeite viel zum Thema Grenze. Das ist mir als Waldviertlerin wahrscheinlich in die Wiege gelegt. Eines der ersten Projekte war das 100 Zahnräder-Projekt im Rahmen des Viertelfestivals. Da habe ich 100 Zahnräder aus Porzellan im öffentlichen Raum installiert – quer durchs ganze Waldviertel. Zum Thema Grenze empfehle ich den Leuten auch immer die **Kulturbrücke Fratres,** einen Verein, der im Grenzgebiet Kulturprogramm organisiert. Auch das **Museum Humanum** in Fratres gehört da dazu.

Was empfiehlst du bei einer Waldviertel-Tour noch?
Auf jeden Fall Gmünd! Der Stadtteil **Gmünd 3** liegt schon in Tschechien. Da kann man einfach hinüberwandern. Generell sollte man einen Abstecher zum Nachbarn machen. Auch **Slavonice** ist wunderschön! Dann wäre da auch der **Wackelstein-Express,** der im Sommer zwischen Heidenreichstein und Altnagelberg fährt. In Altnagelberg gibt's noch Glashütten, zum Beispiel den **Apfelthaler.** Schöne Stoffe findet man bei **Backhausen.** Im Sommer kann man schön im **Breitensee** in Gmünd schwimmen oder im **Bruneiteich** in Heidenreichstein. Da ist Ende Oktober dann übrigens immer Abfischfest!

Kulinarische Empfehlungen?
Da bin ich befangen: bei meinen Eltern im **Dorfwirt Weinstabl** natürlich! Da ist auch eine kleine Frühstückspension dabei – und mein Vater weiß noch viel mehr Geschichten rund ums Waldviertel.

Und in Sachen Kultur?
Auf jeden Fall das **Hoftheater Pürbach!** Das **Musikfest Waidhofen** ist natürlich auch ein Klassiker (Seite 141).

Birgit Weinstabl ist Malerin und Keramik-Künstlerin. Sie lebt in Wien und im Waldviertel. Unter dem Label penelop entwirft sie Schmuck aus Porzellan: **www.penelop.at**

AUF EIN FRÜHSTÜCK
BEI DEN PEPPERSWEETS

DIE KÄSEMACHERWELT IN HEIDENREICHSTEIN

Die Sonne steigt langsam über den Waldviertler Himmel und spiegelt sich im kleinen Teich der Käsemacherwelt. Peppersweet und Yellobell? Oder doch lieber das Schafjoghurt mit Datteln? Mit welcher Köstlichkeit man seinen Tag bei den Käsemachern beginnt, ist eine schwierige Entscheidung. Viel Auswahl und schöne Arrangements warten auf der Frühstückskarte der **Kaskuchl,** dem hauseigenen Restaurant. Das Gleiche gilt für das Mittagessen: klassische österreichische Küche und moderne Interpretationen rund um die Produkte der Käsemacher. Gebackener Camembert mit Grillgemüse zum Beispiel. Oder Peppersweet Burger. Doch halt! Wer später eine Führung gebucht hat, sollte Platz frei lassen. Schließlich wollen auch noch andere Produkte verkostet werden.

Die Käsemacherwelt
Litschauer Straße 18
3860 Heidenreichstein
www.kaesemacherwelt.at

Im Winter geschlossen.
Die Öffnungszeiten findet ihr auf der Website.

UNBEDINGT MACHEN:
DIE TOUR DURCH DIE SCHAUKÄSEREI

Führungen immer um 10, 13 und 15 Uhr. Im November und Dezember nur um 10 und 13 Uhr. Telefonische Voranmeldung erwünscht: 02862/525 28-0

Ab 20 Personen sind Führungen zu individuellen Zeiten buchbar.

Wie aus Milch so ein g'schmackiges Packerl Käse wird, erlebt man am besten in der Schaukäserei. Da kann man den Mitarbeitern zusehen, die hier Schnitt-, Weich- und Frischkäse produzieren. Selber Hand anlegen geht auch: In der Mini-Käserei entsteht vor den Augen der Gäste Käse – ein Highlight für Kinder! Danach geht's zur gemeinsamen Verkostung von gefüllten Antipasti und Schnittkäsespezialitäten. Am Ende der Tour wartet auf Kinder ein Streichelzoo samt Spielplatz. Falls das Wetter besser sein könnte, gibt es auch einen großen Indoor-Spielbereich.

GENÜSSLICH SHOPPEN

Die Erwachsenen können in der Zwischenzeit im Shop stöbern. Hier gibt es nämlich alle Produkte von DIE KÄSEMACHER zum Mitnehmen. Auch vieles, das sonst selten im Regal steht, wie die Ziegenkäsetorte mit Haselnüssen. Wow! Gefüllte Oliven und Pflaumen. Brimsen und Liptauer. Natürlich auch das klassische Schafkäse-Gupferl, mit dem alles begann. Viele der Produkte wechseln das Jahr über, je nach Saison. Da der Mensch nicht von Käse allein lebt, kann man im Shop auch andere Produkte aus der Region kaufen. Also: Platz im Kofferraum einplanen!

Übrigens: Kühltaschen gibt's vor Ort.

GANZ OBEN.

SO EIN THEATER IN LITSCHAU!

Im nördlichsten Zipfel des Waldviertels macht eine kleine Stadt tolles Programm: In Litschau befindet sich der **Herrensee** – ein stimmungsvolles Gewässer, in dem man auch baden kann. Falls der Sommer in der nördlichsten Stadt Österreichs ankommt. Ansonsten umrundet man den Herrensee zu Fuß, nützt die Sportmöglichkeiten – und schaut im **Herrenseetheater** vorbei. Hier sorgt das **Theater BRAUHAUS** rund um Zeno Stanek für qualitätsvolles Sommertheater. Fast direkt am Wasser kann man da jedes Jahr eine neue Produktion erleben. Stimmungs- und anspruchsvoll! Matineen und Kasperltheater gibt's auch.

Herrenseetheater
www.herrenseetheater.at

Die Themen Theater und Musik begleiten Litschau schon seit mehr als 20 Jahren. Das **Schrammel.Klang-Festival** ist eines der renommiertesten Musikfestivals Österreichs. In Litschau finden auch die **Tage für Zeitgenössische Theaterunterhaltung** statt. Kleine Stadt, großes Programm! Und: Unweit von Litschau in Heidenreichstein findet das renommierte Literaturfestival **Literatur im Nebel** statt.

Schrammel Klang Festival
www.schrammelklang.at

Tage für Zeitgenössische Theaterunterhaltung
www.hinundweg.jetzt

Literatur im Nebel
www.literaturimnebel.at

KULINARISCHE ENTDECKUNGEN

Gasthof Kaufmann
Stadtplatz 88
3874 Litschau
www.gasthof-kaufmann.at

Litschau ist generell ein lebendiges Städtchen. Übrigens eine Gebäck-Enklave – nur hier gibt es das **Litschauer Mangerl,** speziell gefaltetes Weißgebäck mit Mohn. Etwas Flüssiges dazu kann nicht schaden. Wer mehr Hunger hat, geht in den **Gasthof Kaufmann.** Im Winter ist sicher der Tisch um den Kachelofen der absolut gemütlichste. Aus der Küche kommen die Waldviertler Klassiker – zum Beispiel sehr guter gebackener Karpfen.

DAS NÖRDLICHSTE WIRTSHAUS ÖSTERREICHS

Gasthaus Perzy
Rottal 22
3874 Litschau
www.perzy.at

Fährt man vom Stadtzentrum Litschaus noch weiter Richtung Norden, landet man irgendwann im **Gasthaus Perzy.** Ein wirklich schönes altes Wirtshaus am Waldrand. Die Portionen sind riesig und deftig, hier spürt man schon die kulinarischen Einflüsse des Nachbarns. In der Nähe des Wirtshauses gibt es übrigens einen kleinen Spazierweg über die Grenze – am besten ihr fragt die Wirtsleute, wo und wie ihr am besten startet.

KAMPTAL

LANGENLOIS CITY.

„Nur dort, wo du zu Fuß warst, bist du auch wirklich gewesen." Soll Goethe einmal gesagt haben. Ein Satz, der zu
Langenlois passt. Denn man sollte sich treiben lassen rund
um die zwei großen Plätze: den Holzplatz und den Kornplatz. Hineinschauen in die Höfe, die in Langenlois wirklich etwas ganz Besonderes sind. Viele davon gehören großartigen Winzern, die Tour kann also auch zur Weinverkostung umgebaut werden. Weitere Genuss-Tipps ab
Seite 174.

STADTSPAZIERGANG MIT MIEZE MEDUSA

Für alle, die sich gern zielgerichtet treiben lassen, hat Langenlois Themenwege entwickelt. Beim **STADTWEG** kann
man sich per App begleiten lassen. Da gibt's zum Beispiel
einen Krimi aus 1824 oder einen Beitrag der Poetry-Slam-
merin Mieze Medusa. Der 6 Kilometer lange **WEINWEG**
führt – ja, richtig geraten! – in die Weingärten. Da erfährt
man, was der Winzer so alles tun muss rund ums Jahr,
damit die Trauben gut in der Flasche landen. Und was das
Besondere am guten Boden rund um Langenlois ist. Nettes
Detail: Bei drei Stationen warten sogenannte „Weinsafes"
mit Wein und Winzersekt. Den Schlüssel und das Ver-
kostungsset (€ 25 pro Person) holt man sich im LOISIUM
(Seite 167). Oder beim Ursin Haus, wo man sich übrigens
auch Räder ausborgen kann.

Infos zu den Themenwegen auf
www.langenlois.at

Ursin Haus
Tourismusinformation & Vinoth
Kamptalstraße 3
3550 Langenlois
täglich von 10 bis 18 Uhr
www.ursinhaus.at

Langenloiser Wochenmarkt
am Kornplatz
Freitag von 7.30 bis 11 Uhr

AM FREITAG AUF DEN MARKT

Am Freitag Vormittag gibt's am Kornplatz **Markt.** Da kann man zum Beispiel die Pasta von Doris Wasserburger aus Straß kaufen (Seite 200). Tolles Obst und Gemüse, Fische und Käse aus dem Waldviertel sorgen für prall gefüllte Einkaufskörbe. Auf ein Tratscherl danach setzt man sich dann am besten ins **Ursin Haus:** Im **Café & Wein** hat man einen guten Überblick über das Treiben am Markt. Weiter hinten im Haus ist die **Vinothek**, wo man Kamptaler Weine zu AbHof-Preisen kaufen kann – und natürlich auch verkosten. Kleinigkeiten wie Chutneys, Marmelade und Verjus gibt's auch. Schöne Mitbringsel aus dem Kamptal!

SEKT & SPIELE

DAS KAMPTAL PRICKELT

In Langenlois wird versektet, was das Zeug hält. Da wäre das **Weingut Steininger,** das sich auf sortentypische Schaumweine spezialisiert hat. Sekt aus Riesling, Veltliner, Muskateller oder Weißburgunder(!). Da kann man die volle Vielfalt schmecken. Große Namen beim Sekt sind auch das **Weingut Bründlmayer** und das **Weingut Schloss Gobelsburg.** Das **Weingut Jurtschitsch** ist auch wegen dem traumhaften Hof ein Tipp. Außerdem machen die Jurtschitschs mit dem Weingut Arndorfer aus Straß auch ganz schrägen Sprudel: Pet Nats unter dem Namen **Fuchs und Hase.**

Weingut Steininger
Walterstraße 2
www.weingut-steininger.at

Weingut Bründlmayer
Zwettler Straße 23
www.bruendlmayer.at

Weingut Schloss Gobelsburg
Schlossstraße 16
www.gobelsburg.at

Weingut Sonnhof Jurtschitsch
Rudolfstraße 39
www.jurtschitsch.com

WEINSCHAUEN BEIM WINZER

Eine tolle Veranstaltungsserie ist **Weinschauen beim Winzer.** Da hat von April bis Oktober jeden Freitag und Samstag ein anderes Weingut offen. Eine gute Gelegenheit, um auch kleinere Winzerhöfe kennenzulernen!

Termine und Weingüter:
www.langenlois.at

WEINERLEBNIS LOISIUM

Weinerlebniswelten gibt es viele. Das **LOISIUM** ist eine wahre Ausnahmegestalt – in Sachen Architektur und Ausstellungsdesign. Hier hat der New Yorker Architekt Steven Holl seine Spuren hinterlassen – ein Kontrast, der Langenlois sehr gut tut. Wenn ihr in der Stadt seid, ist das LOISIUM also ein Pflichttermin, selbst wenn euch Wein nicht so wahnsinnig interessiert. Man kann auch einfach die Architektur wirken lassen und durch den Shop streifen. Empfehlung ist natürlich, den Kellerrundgang zu machen – da gibt's auch für Kinder eine Spezialtour. Gleich neben der Weinerlebniswelt befindet sich übrigens das **LOISIUM Wine & Spa Resort.** Ein Hotel mit vier Sternen, Wellness und sehr guter Küche.

LOISIUM WeinErlebnisWelt & Vinothek
Loisium Allee 1
3550 Langenlois
www.loisium-weinwelt.at

LOISIUM Wine & Spa Resort Langenlois
www.loisium.com

kunstraumlangenlois

p.p.

kunstraumlangenlois ist ein kleiner Ausstellungsraum am Holzplatz, der von den Künstlern Norbert Fleischmann und Christina Lackner kuratiert wird. Geöffnet jeden ersten Sonntag im Monat oder nach Vereinbarung.
www.norbertfleischmann.at

SO VIEL
LOS IN
LANGENLOIS

In Langenlois geht rund ums Jahr Kultur an den Start. Das beginnt mit der **LOISIARTE** im März. Im Sommer wandert die **Kultur in Langenloiser Höfe** – mit Theater und Lesungen. Operettenhaft geht's in Schloss Haindorf zu bei den **Schlossfestspielen,** zeitgenössisch beim **Langenloiser Herbst** und beim Literaturschwerpunkt **Septemberlese.**

Den Überblick findet ihr auf **www.kulturlangenlois.at**

GRÜNE TRÄUME.

GARTENWEG SCHILTERN

Neben dem Wein und der Kultur ist die Region Langenlois auch für das Thema Garten bekannt. Deshalb gibt's den **GARTENWEG** in Schiltern, wo man ganz ins Grün abtauchen kann. Er führt von den **Kittenberger Erlebnisgärten** zum **ARCHE NOAH Schaugarten.** Oder umgekehrt. Vier Kilometer, an denen es mehrere Stationen gibt. Zum Beispiel die pinken Riesen-Blumentöpfe, die jedes Jahr zu einem anderen Thema bepflanzt sind. Auch von manch' Privatgarten kann man sich inspirieren lassen – alle Partner des GARTENWEGs findet ihr auf **www.langenlois.at/ gartenweg**. Geöffnet von Anfang April bis Ende Oktober.

GARTENWEG Schiltern
3553 Schiltern
www.langenlois.at/gartenweg

Kittenberger Erlebnisgärten
Laabergstraße 15
3553 Schiltern
www.kittenberger.at

ARCHE NOAH: RARITÄTEN KOSTEN IN DER GARTENKÜCHE

Ihr solltet in Schiltern auf jeden Fall in die **ARCHE NOAH:** Ein Schaugarten mit Gartenküche. Hier erfahren die Geschmacksnerven ganz neue Erlebnisse! Benjamin Schwaighofer verkocht alles, was im Garten so wächst. Viele Raritäten, die in keinem Regal zu finden sind. Man trinkt und speist unter Obstbäumen, bei Regen im charmanten Pavillon. Jeden ersten Sonntag im Monat gibt's Brunch. Da bleibt man am besten den ganzen Tag sitzen – die Küche zaubert immer neue Gerichte auf den Tisch. So etwas gibt's sonst nirgendwo zu schmecken!

ARCHE NOAH
Obere Straße 40
3553 Schiltern
Anfang April bis Anfang Okober
Öffnungszeiten & Infos zu
Gartenführungen auf
www.arche-noah.at

Die Gartenküche ist
Samstag und Sonntag geöffnet.
Reservierung empfohlen!

SCHAUGARTEN MIT MISSION

Im Garten kann man viele (seltene) Pflanzen anschauen und kaufen, auch in Form von Saatgut. Der wahre Schatz der ARCHE NOAH bleibt Besuchern allerdings verborgen: Das Samenarchiv, in dem zirka 6.000 Kulturpflanzen lagern.

LANGENLOISER HÖFE

So geht modern: Weingut Fred Loimer

So eine schöne Sammlung an Winzerhöfen hat nur Langenlois,
die älteste Weinstadt Österreichs. Hier drei Empfehlungen,
in die ihr einen Blick werfen solltet.

GEDIEGEN IM VIERZIGERHOF

10 exklusive Zimmer gibt's im frisch renovierten
vierzigerhof. Dazu noch ein Hauskino mit alter Holzbestuhlung.
Schöner Wohnen im Kamptal:
Rudolfstraße 11, **www.vierzigerhof.at**

KLASSISCH IM WEINGUT JURTSCHITSCH

Ein Winzerhof, wie er im Bilderbuch steht.
Hier finden immer wieder Lesungen und Konzerte statt,
beim *Weinfrühling* oder der *Tour de Vin* ist auch offen.
Rudolfstraße 39, **www.jurtschitsch.at**

ZEITGENÖSSISCH BEI FRED LOIMER

Ein Wein-Hof der ganz anderen Art – und ein Beispiel für
kompromisslos zeitgenössische Architektur. Wirklich toll!
Haindorfer Vögerlweg 23, **www.loimer.at**

HAUBENKÜCHE
UND EISTÜTEN

In Langenlois sollte man einen Heurigen-Besuch einplanen
(Seite 177). Wer zwischendurch einmal Lust auf etwas
anderes hat, findet hier ein paar Tipps für jeden
Geschmack(ssinn).

HAUBENKÜCHE IM HEURIGENHOF

Mit Heurigen hat der Bründlmayer nix mehr zu tun – hier
kann man sehr gediegen speisen auf 2-Hauben-Niveau.
Zum Menü gibt es wahlweise *Flights* aus dem hauseigenen
Weingut. Das sind meist drei unterschiedliche Weine, die
auf die Gerichte abgestimmt sind. Man sitzt in den besonders schönen Gaststuben des Heurigenhofs, im Sommer im
traumhaften Innenhof. Wer mehrere Flights nimmt, packt
am besten eine Übernachtung in einem der geschmack-
vollen Gästezimmer dazu.

Heurigenhof Bründlmayer
Walterstraße 14
3550 Langenlois
www.heurigenhof.at

RESTAURANT MIT POP-UP-FUNKTION

LOISIUM Wine & Spa Resort
Loisium Allee 2
3550 Langenlois
www.loisium.com/langenlois

Zum LOISIUM Hotel & Spa gehört auch ein sehr gutes Restaurant. Außerdem: Ab und an bespielt die Küchenmannschaft andere Locations, zum Beispiel ein Pop-up-Lokal im 10er-Haus in der Walterstraße. Schaut auf die Website!

BIER IN DER WEINSTADT

Braugasthaus zum Fiakerwirt
Holzplatz 7
3550 Langenlois
www.fiakerwirt.at

Das **Gasthaus zum Fiakerwirt** am Holzplatz braut auch sein eigenes Bier: Pils, Märzen und Dunkles stehen zur Wahl. Verlässt man Langenlois Richtung Schiltern, dann ist die **Brauerei BrauSchneider** die erste Adresse für Bierfans. Hier werden zum Beispiel Hanfbier, India Pale Ale, Pilsner und Weißbier gebraut. Im Shop kann man verkosten und auch andere Produkte aus der Region mitnehmen. Eine Führung an ausgewählten Tagen gibt's auch. Infos auf **www.brauschneider.at**

BrauSchneider
Laabergstraße 5
3553 Schiltern
www.brauschneider.at

HAUSGEMACHTES EIS IN SCHNEIDERS CAFÉ

Schneiders – Café am Holzplatz
Holzplatz 6
3550 Langenlois
www.schneiders.cc

Müllers Büro? Schneiders Café! Das liegt in Langenlois mitten am Holzplatz. Hier kann man im Schanigarten dem Langenloiser Treiben gut zusehen, am besten mit einer hauseigenen Eis-Kreation vor sich. Rund 20 Sorten gehen nicht nur in der Tüte über den Tresen, sondern auch in Form von bombigen Eisbechern. Hinsetzen und löffeln!

SAUBERG UND SAUSEMMEL

In und rund um Langenlois gibt es viele Heurige – zumindest einer von ihnen hat stets offen. Den Kalender findet ihr auf **www.langenlois.at**. Eine wahre Heurigenkolonie ist am Sauberg angesiedelt. Da gibt's außerdem noch einen feinen Blick über Langenlois. Hier macht der **Steinschaden** die besten Schnitzel weit und breit. Kalte Klassiker gibt es natürlich auch: **steinschaden.at**. Nicht am Sauberg, aber auch sehr empfehlenswert ist der **Heurige Nastl**. Hier stammt die Sausemmel her, die Schweinsbraten-Fans aus Nah und Fern ein Begriff ist (Rezept auf Seite 186). **www.nastl.at**

Urig ohne Kitsch: Der Strasser Keller ist echt
etwas Besonderes. So wie die Abende, an denen
Karl Schwillinsky hier kocht.

WENN KARL
IM KELLER IST.

SCHWILLINSKY-SPIELE IM STRASSER KELLER

Einmal Friaul. Dann Sizilien. Vielleicht wieder Südfrankreich.
Karl Schwillinsky sucht sich für seine Gastspiele Themen, die
nach Urlaub schmecken. Kein Wunder. Den macht er vorab
auch in der Region, die er später kulinarisch aufgreift – seine
Frau, die Winzerin Barbara Öhlzelt, unterstützt bei der
Grundlagenrecherche und mit passenden Weinen.

Das Ganze findet im Sommer in diversen Locations im
Kamptal und immer im Februar/März im Strasser Keller in
Langenlois statt: Codewort „Schwillinsky strawanzt".
Den Strasser Keller bekocht Karl Schwillinsky übrigens die
ganze Wintersaison, los geht's mit Gansl im November. Passt
perfekt zu diesem stimmigen, gemütlichen Ort, an dem man
bei offenem Feuer ganz auf *Savoir vivre* machen kann.

Strasser Keller, Am Rosenhügel 2, 3550 Langenlois
Alle aktuellen Strawanzer-Termine findet ihr auf **www.weinberggeiss.at**

An den *Weintagen von Barbara Öhlzelt* in Zöbing.

NÖRDLICH
VON LANGENLOIS

SAUER MACHT SO LUSTIG.

Im Kamptal gibt es mehrere spannende Lebensmittel-produzenten, viele davon gehören zur Slow Food-Familie. Hier werden die Produkte der Region zu verdichteten Geschmackserlebnissen verarbeitet – in Form von Pesto, Saucen, Chutneys, Essig und Verjus. Viele davon kann man im **Ursin Haus** in Langenlois kaufen – oder man besucht die Produzenten persönlich.

Mehr zu Slow Food auf
www.slowfoodaustria.at

ERSTE KAMPTALER ESSIGMANUFAKTUR

Essig von der Williamsbirne und Trockenbeerauslese, Quitten- und Himbeeressig. Der süßen Säure sind keine Grenzen gesetzt in der Ersten Kamptaler Essigmanufaktur. Die Produkte landen nicht nur im Salat, sondern eignen sich perfekt dazu, um Gerichten eine Extra-Dreh zu geben.

Erste Kamptaler Essigmanufaktur
Zwettler Straße 91
3550 Langenlois
www.kamptalessig.at

GROSSAUER EDELKONSERVEN

Der Pesto-Blockbuster aus dem Kamptal. Stefan Grossauer verarbeitet saisonale Gemüse und Kräuter zu über 30 außergewöhnlichen Pesto-Sorten. Viele davon gibt es nur, wenn die jeweilige Hauptzutat Saison hat. Klassiker wie Kürbiskern- und Walnuss-Pesto kann man ganzjährig erstehen – auch im Online-Shop.

Grossauer Edelkonserven
Bergstraße 14
3562 Schönberg
www.edelkonserven.at
Führung gegen Voranmeldung

KAMPTAL VERJUS VON BARBARA ÖHLZELT

Weingut Barbara Öhlzelt
Eichelbergstraße 32
3561 Zöbing
www.weinberggeiss.at

Tipp: Bei den *Weintagen bei Barbara Öhlzelt* vorbeischauen.

Verjus – wer was? Hierbei handelt es sich um den Saft aus sauren Trauben. Ein saures Safterl, das sich perfekt eignet, um verschiedenen Gerichten eine fruchtig-elegante Säure zu verpassen. Barbara Öhlzelt stellt den Kamptal Verjus an ihrem Weingut her – mehrere Sorten stehen zur Auswahl. Der Verjus aus Grünem Veltliner passt gut zum Abschmecken, der aus Zweigelt auch in Sekt & Soda. Die Idee, Verjus zu produzieren, stammt übrigens von Barbaras Mann: Karl Schwillinsky ist einer der gastronomischen Ausnahmeerscheinungen des Kamptals. Er kocht an verschiedenen Orten unter dem Titel **Schwillinsky strawanzt** (Seite 178). Alle Infos dazu, zum Verjus und Barbaras Weinen findet ihr auf **www.weinberggeiss.at**

SCHARFES VON HERRN BRENNER

Herr Brenner mag es scharf und gut. Deshalb kommen in seine Chili-Saucen ausgewählte Zutaten: Paprika, Honig, Limettensaft und – je nach persönlichem Härte-Grad – Chilisorten wie Habanero, Big Sun oder Lemondrop. Nicht nur Ketchup und Grillsaucen macht der Herr Brenner, auch Chiliöl und -sirup. Ganz pur als Pulver gibt es die sensorische Höllenfahrt auch. Infos und Online-Shop auf **www.herrbrenner.at**

ANDREA GILLINGER

LANGENLOISER Eingelegtes & Eingemachtes
Weingartenweg 11, 3550 Langenlois
www.langenloiser.at

Wenn man nach tollen Produkten aus dem Kamptal fragt, werden sofort deine Chutneys genannt. Was ist dein Zugang? Ich verarbeite nur das Gemüse und Obst, das ich selbst anbaue. Das ist im Laufe der Jahre immer mehr geworden, weil die Nachfrage da ist. Es gibt wieder Leute, die nach starken Geschmackserlebnissen suchen. Ich sage immer: Meine Produkte sind verdichteter Geschmack.

Wie bekommst du das hin? Indem ich koche. Lange koche. Meine Chutneys und Gelees stehen stundenlang am Herd in meiner Küche. Da ist dann nur mehr ein Bruchteil der Menge übrig, die anfangs im Topf war. Der pure Geschmack.

Wie kam's überhaupt dazu? Ich habe immer gerne gekocht, auch eingekocht. Meine Freundin Ulli Jell hat mich dann gefragt, ob ich auch ein paar Gläser für ihr Wirtshaus in Krems machen würde. Und irgendwann wollten sie die Gäste von dort auch mitnehmen. So kam das Ganze ins Rollen.

Gibt's ein Lieblingsprodukt? Das schwankt je nach Saison. Aber wenn ich mich entscheiden müsste, dann das Chutney aus grünen Paradeisern. Dafür verarbeite ich im Herbst die Paradeiser, die nicht mehr rot werden. „Resteverwerten", das nebenbei gut schmeckt.

Wenn du nicht kochst, wohin gehst du gerne essen? Am liebsten zum Heurigen. Zum Beispiel zum **Nastl** in Langenlois. Toll ist auch der Heuriger von **Sissy Heiss in Absberg** (Seite 236). Auf einen kleinen Imbiss schaue ich ins **Café & Wein** im Ursin Haus in Langenlois. Was ich auch sehr gerne mag, ist das **Gasthaus von Ulli Amon-Jell** am Hohen Markt in Krems und das **Wirtshaus im Demutsgraben** bei Zwettl. Monika Huber-Riedler ist *die* Knödlspezialistin in der Gegend.

Wo kann man deine Produkte kaufen? Auf den Märkten in Langenlois, Krems und Tulln. In Wien zum Beispiel bei Kaas am Markt am Karmelitermarkt. In Langenlois im **Ursin Haus,** die haben mein komplettes Sortiment. Man kann auch bei mir vorbeikommen – bitte aber einen Termin vereinbaren. Oder online bestellen.

REZEPT

VON FAMILIE NASTL

Weingut Günter und Renate Nastl
3550 Langenlois
www.nastl.at

ZUTATEN:
Bratensaft 50 % (Trink-
wasser, Wein, Zwiebel,
Gewürze, Salz)
30 % Schweinefleisch
20 % Schmalz

Inhalt: 200 g

to go

SAUSEMMEL

Ein Wachauer Laberl kurz anwärmen und halbieren. Die
untere Hälfte mit Bratlfett bestreichen. Je später der Abend,
umso mehr Bratlfett. Den in dünne Scheiben geschnittenen
Schweinsbraten darauf schichten. Auf kreuzweise Ver-
legung der Scheiben achten, Zwiebel-Ringe anhäufen.
Achtung: Der Schweinsbraten muss zur Gänze mit Zwiebel
bedeckt sein! Den oberen Teil des Wachauer Laberls leicht
andrücken und lauwarm, also solang das Bratenfett noch
nicht ganz flüssig ist, verspeisen.

Die Sausemmel im Glas gibt's im LOISIUM zu kaufen.

GUTE AUSBLICKE.
SCHÖNE EINBLICKE.

DOLCE FAR NIENTE: WEINBEISSEREI

Einer der schönsten Plätze, um aufs Kamptal zu blicken, ist
die Weinbeisserei in Mollands. Hier sitzt man mitten in
den Weinbergen – durch die großen Glasfronten wartet die
freie Sicht. Die Weine stammen von Matthias Hager, der
hier viele spannende Tropfen produziert. Alle *demeter*
übrigens. Sein Bruder Hermann Hager sorgt dafür, dass
Außergewöhnliches am Teller landet. Qualität und Her-
kunft der Produkte haben Vorrang: regional und saisonal,
eh kloar! Im Sommer schnappt man sich nach dem Mahl
am besten einen Liegestuhl und macht auf *dolce far niente*.
So wie die Wollschweine, die hinter dem Lokal ihr persönliches Paradies haben.

Weinbeisserei
Altweg 5
3562 Mollands
www.hagermatthias.at/
weinbeisserei.htm

FEUERWEHRFESTL AT ITS BEST

Wenn ihr in Mollands seid und es ist gerade Feuerwehrfest
– dann haltet euch auch gut fest. Denn das ist die größte
Sause weit und breit. Inklusive Discostadl: 3 Tage wach!

FF-Fest Mollands
immer zu Pfingsten
www.mollands.at

DER HEILIGE BERG

Gasthaus Gutmann
Heiligensteinstraße 32
3561 Zöbing
www.gasthaus-gutmann.com

Die heilige Kuh, sprich der heilige Berg, ist im Kamptal der Heiligenstein. Für Weine aus dieser Lage greift man schon einmal tiefer in die Tasche. Man kann den Berg aber auch ganz einfach erklimmen, das kostet nix außer Muskelschmalz. Den Schlüssel für die Warte am Heiligenstein kann man sich vorab im **Gasthaus Gutmann** in Zöbing holen, zu dem auch eine Pralinenwerkstatt gehört!

VIEL SCHÖNES IN SCHÖNBERG

Alte Schmiede
Hauptstraße 36
3562 Schönberg
www.alteschmiede-schoenberg.at

Atelier Ingrid Brandstetter
Kalvarienerg 12
3562 Schönberg
www.atelier-brandstetter.at

Fährt man das Kamptal weiter Richtung Norden, landet man in Schönberg. Hier ist die **Alte Schmiede** ein wichtiger Dreh- und Angelpunkt: In der Vinothek kann man die Kamptaler Weine verkosten und Prospekte der Region durchforsten. Das verwinkelte Haus wird rund ums Jahr mit Konzerten und Ausstellungen bespielt, ein guter Platz! Von dem ist es nicht weit in das **Atelier von Ingrid Brandstetter.** Großformatige energiegeladene Frauenportraits malt die Künstlerin am liebsten. Eintauchen in einen Rausch der Farben und gute Gespräche mit der Malerin führen – das geht, wenn ihr vorab einen Termin vereinbart.

JUMP IN DEN KAMP

Der Kamp ist ewtas für Hart-gesottene: auch an den heißesten Hundstagen angenehm kühl. Mehrere Strandbäder entlang des Kamps stehen zur Auswahl.

KABANE & LIEBE

Das feine Strandbad in Plank ist ein wunderbar kleiner Bade-platz. Eine Antithese zu den gro-ßen Chlor-Zentren. Hier bilden rot-weiß getünchte Kabanen einen schönen Rahmen für war-me Sommertage, Liebe auf den ersten Blick! Der Strandheurige **Das Bachmann** versorgt die Badenden kulinarisch. Im Sep-tember findet am Areal das stimmungsvolle **Strand Gut Festival** statt.

Strandbad Plank am Kamp
www.plank-am-kamp.at

Strand Heuriger: Das Bachmann
www.das-bachmann.at

Strand Gut Festival
www.strandgut.at

IM SÜD-WESTEN
VON LANGENLOIS

Im Garten des Ausstellungshauses Spoerri (Seite 196).

FEUDAL FEAT. GENIAL.

KUNST AB HOF

Er war früher Werber. Und als er nach Gobelsburg in einen dieser schönen alten Bauernhöfe gezogen ist, suchte er nach einer Herausforderung: Gut, dass Nikolaus Kloss hier gelandet ist und mit **Kunst ab Hof** eine einzigartige Ausstellungslocation geschaffen hat. Hier gibt es Spannendes zu sehen, Kloss' guten Kontakten zur Kunstwelt sei Dank. Daniel Spoerri und Elfie Semotan zum Beispiel, aber auch ganz junge Kunst. Ab und zu Konzerte. Der Purismus der Räume tut das Seinige dazu. Ein wirklich außergewöhnlicher Ort, den ihr einplanen solltet.

Zeiselberg 28
3550 Gobelsburg
www.kunstabhof.at

WEIN AB SCHLOSS

Noch so eine gute Location ist das Schloss Gobelsburg. Hier geht's weniger *off*, dafür klassisch-gediegen zu. Ein Abstecher ins Schloss lohnt sich, wenn ihr eine Runde durch Gobelsburg dreht. Die Vinothek des **Weinguts Schloss Gobelsburg** ist im Innenhof.

Weingut Schloss Gobelsburg
Schlossstraße 16
3550 Gobelsburg
www.gobelsburg.at

Gina Müller

IST DAS KUNST ODER KANN MAN DAS ESSEN?

EIN FLEISCHHAUER AUS DEM BILDERBUCH

Nix für Veganer. Dafür für Menschen, die Fleischlichkeit in ihrer Ursprünglichkeit lieben: Die **Fleischhauerei Mayer** in Hadersdorf macht tolle Fleisch-, Wurst- und Selch-Produkte. Paprika- und Wurzelspeck zum Beispiel. In so außergewöhnlicher Qualität, dass man auch die Top-Gastronomie beliefert wie die Hofmeisterei in der Wachau (Seite 94).

Fleischerei Mayer
Hauptplatz 15
3493 Hadersdorf/Kamp

AUSSTELLUNGSHAUS SPOERRI

Einer *der* Plätze, die man in Niederösterreich gesehen haben muss. Der Hauptplatz von Hadersdorf ist ein Highlight für sich. Hier thront das Ausstellungshaus des Künstlers Daniel Spoerri, ein Ort mit so viel Gespür und Patina, dass man darin viele Glücksmomente erleben kann. Das Haus und der Garten für sich sind schon einen Besuch wert. Die

Ausstellungshaus Spoerri
Hauptplatz 23
3493 Hadersdorf/Kamp
www.spoerri.at
Achtung Winterpause!

wechselnden Ausstellungen verdienen das Prädikat hochkarätig und stehen großen Ausstellungshäusern um nichts nach. Eher im Gegenteil: Der intime Rahmen, in dem man Kunst hier begegnen kann, verstärkt die Wirkung noch.

ESSEN ZWISCHEN EAT ART
Zum Ausstellungshaus gehört auch das **Esslokal**. Es befindet sich gleich schräg gegenüber am Hadersdorfer Hauptplatz. Hier isst man zwischen alten Mauern und *Eat Art* von Daniel Spoerri. Sehr gut noch dazu. Kein Wunder, Miriam Laister und Sebastian Pesau haben ihr Handwerk gelernt. Roastbeef vom Strauß oder Grammelknödel auf Speckkraut? Beides.

Esslokal
Hauptplatz 16
3493 Hadersdorf/Kamp
www.esslokal.at

VON KOPF BIS FUSS

... AUF EXZELLENTES FLEISCH EINGESTELLT.

Über den Namen Höllerschmid stolpert man in Niederösterreich in vielen Speisekarten. Der Betrieb beliefert die heimische (Top-)Gastronomie. Was viele nicht wissen: Auch als Privatkunde kann man beim Höllerschmid vorbeischauen. In seiner *Fleischbank* lagern die außergewöhnlichsten Stücke von Rind, Kalb, Schwein und Lamm. Denn einer der Grundsätze des Betriebes ist es, stets das ganze Tier zu verarbeiten: *from nose to tail*. Deshalb kann man hier auch Dinge wie Kalbskopf, Schweinefüße oder Hüferschwanzerl erstehen. Letzteres legt einem der Chef Manfred Höllerschmid übrigens besonders ans Herz: „Das Hüferschwanzerl ist ein unglaublich zartes Stück, fast noch besser als Tafelspitz. Unbedingt probieren!"

Fleischbank Höllerschmid
Gewerbestraße 19
3492 Walkersdorf
www.hoellerschmid.at
Workshops und Kochkurse für
Gruppen gegen Voranmeldung.
Infos unter Tel. 02735/5228

Gleich neben der Fleischbank
befindet sich das **Iss-Was von
Paul Schnetzer.** Der verkocht
Fleisch & Wurst von Höllerschmid zu einem täglich
wechselnden Mittagsgericht.
facebook.com/IssWasWalkersdorf

Fotos ℗: Monika Löff

DRY AGED BEEF UND ÖTSCHERBLICK-SCHWEIN

Die Höllerschmids arbeiten eng mit der heimischen Landwirtschaft zusammen. Alles stammt von österreichischen Betrieben, einige davon sind bio. Das Herz des Chefs schlägt für seltene Rassen, so wie das Ötscherblick-Schwein – eine Kreuzung aus Edelschwein und Duroc. Es liefert außergewöhnliches, feinmarmoriertes Fleisch. Besonders sind auch die Dry Aged Beef Stücke. Sie reifen rund fünf Wochen im eigenen Kühlhaus.

BERATUNG RUND UM DIE UHR

Welches Fleisch für welches Gericht? Einfach fragen. Persönliche Beratung ist Ehrensache – so wie damals, als der Höllerschmid noch ein ganz kleiner Fleischer war.

Haben die einst kleine Fleischerei zum Lokalmatador erweitert: Monika & Manfred Höllerschmid

KRASS: STRASS.

DIE PASTA VON DORIS WASSERBURGER

Im Idealfall kombiniert man die Pasta von Doris Wasserburger nur mit etwas brauner Butter. Eventuell: etwas Salbei. Auf jeden Fall: frischen Parmesan. Sonst braucht es nicht viel, denn die Ravioli sprechen für sich. Sind sie doch mit außergewöhnlichen Zutaten gefüllt: mit Ricotta aus der Hofkäserei Paget zum Beispiel. Oder mit Räucherforellencreme. Im Frühling vielleicht mit Bärlauch, im Herbst und Winter mit Grammeln und Blunzn. Hunger? Dann schaut, dass ihr schnell an die Pasta von Doris kommt. Spaghetti & Gnocchi macht sie auch immer wieder. Kaufen könnt ihr sie auf den Märkten in Krems, Langenlois und St. Pölten. Man kann Doris aber auch in ihrer Werkstatt besuchen, wenn man sich vorher anmeldet.

Frische Pasta
Talstraße 117
3491 Straß
www.frischepasta.at

Alle Märkte & Geschäfte mit Doris' Pasta findet ihr auf der Website.

Vier Burschen, zwei flüssige Kreationen,
ein unschlagbarer Mix: Gin Tonic
www.wildstueckgin.com
www.tonic.af

Vinothek weinkontraste
Langenloiser Straße 199
3491 Straß
www.weinkontraste.at

GIN AUS STRASS

Am Weingut Allram in Straß wird nicht nur Traubensaft gemacht, sondern auch ein außergewöhnlicher Gin. Dahinter stecken Lorenz Haas und Marco Weitzenböck, die in unzähligen Selbstversuchen die perfekte Zusammensetzung ihres unfiltrierten **Wildstueck Gins** gefunden haben. Dafür arbeiten sie mit 10 verschiedenen Aromen. Der Gin-o-holic sagt *Botanicals* dazu. Man kann das ölige Wässerchen pur trinken. Oder man versetzt es mit Tonic. Aber nicht irgendeinem, bitte sehr. Wie wäre es mit einem regionalen? **T O N I C af** zum Beispiel, der wurde von Julius Hirtzberger aus Spitz & seinem Team kreiert und wird in Mautern an der Donau abgefüllt.

FÄSSER UND FLASCHEN

In Straß gibt es übrigens auch eine Gebietsvinothek. Nebenan befindet sich ein Fassbindermuseum – die ehemalige Werkstätte der Familie Schmid. Ein Ort mit vielen spannenden Motiven. Ab 10 Personen kann man bei der Gemeinde eine Führung buchen.

BÜFFEL, KÄSE UND EIN BUDDHA

HOFKÄSEREI VON ROBERT PAGET

8 Prozent. Die machen den Unterschied. So viel Fett hat Büffel-Milch. Weit mehr als wir's von Kuh & Co gewöhnt sind. Deshalb ist sie cremiger, reicher und molliger – die Basis für Käse abseits des Gewöhnlichen. Genau dafür schlägt das Herz von Robert Paget. Für sehr guten Käse. Am liebsten für „die Wilden". Käse, die monatelang, manchmal jahrelang, reifen. Käse, die auf der Zunge explodieren, eine neue Welt eröffnen. Also: Fragt nach den Wilden. Die liegen nämlich nicht in der regulären Theke des Hofladens in Diendorf. Die liegen weiter hinten. Robert lässt euch sicher probieren.

Hofkäserei Robert Paget
Kirchenweg 6
3492 Diendorf/Kamp

Robert Paget macht auch Käsekurse. Termine und Öffnungszeiten des Hofladens findet ihr auf www.bufala-connection.at

FRISCHKÄSE, MOZZARELLA & CAMEMBERT

Aber auch die Klassiker im Sortiment sind außergewöhnliche Erlebnisse. Je nach Jahreszeit: Frischkäse aus Ziegenmilch. Ricotta. Camembert. Mozzarella nach Campanischem Vorbild – der hat mit seinem Namensvetter in heimischen Supermärkten nichts mehr zu tun. Viel cremiger und intensiver ist der. Wer selber einmal Hand anlegen will, kann bei Robert Paget auch einen Käsekurs machen – ein gemütlicher Sonntag mit gemeinsamem Käsen, Kochen und Wissenswertem rund ums Thema.

KUNTERBUNTE TIERWELT

Im Hofladen gibt es auch jede Menge Chutneys, Marmeladen, Säfte und Wein – vieles aus der Kamptaler Slow Food-Familie. Danach kann man noch eine Runde durch die Diendorfer Tierwelt drehen: Neben Ziegen und Büffeln tummeln sich nämlich auch Schweine auf dem Hof. Nicht nur für Kinder ein gefundenes Fressen!

Robert Paget käst übrigens auch in Wien:
www.lingenhel.com

TULLN UND DER WAGRAM

WAS FÜR EIN WAGRAM.

Der Wagram ist schön eingebettet, da zwischen dem Kremstal, dem Weinviertel und Wien. Was viele nicht wissen: Zur Region Wagram gehört auch die Gartenstadt Tulln südlich der Donau. Eine Fahrt über die Brücke lohnt sich, um beide Seiten kennenzulernen. Alle Infos findet ihr auf **www.regionwagram.at**

LET'S TALK ABOUT WAGRAM, BABY.

Der Wagram ist im Aufwind. Lange etwas verschlafen, ist die Region verstärkt Gesprächsthema. Sei es in Sachen Tourismus oder beim Wein. Mit Grafenegg (Seite 226) hat der Wagram auch eine Kulturhochburg – und nicht zuletzt einen wunderbaren Ort für ein Picknick. Oder für eine Runde Laufen. Ab in den Schlosspark!

IN WAGRAM WERITAS

Auch am Wagram lautet die Empfehlung: Hinein in die Keller und Wirtshäuser, ab auf Kellergassenfeste. Dazwischen kulturelle Perlen ausgraben. Ein guter Start für eine Wagram-Tour ist übrigens die **Gebietsvinothek Weritas** in Kirchberg am Wagram.

Gebietsvinothek Weritas
Marktplatz 44
3470 Kirchberg am Wagram
www.weritas.at

DOWNTOWN IN TULLN.

AN DER DONAU?
DIREKT AN DER DONAU!

Tourismus-Info Tulln
Minoritenplatz 2
3430 Tulln/Donau
www.tulln.at/erleben

Sie ist eine Provinzdame, die sich wunderbar gemausert hat. Die Gartenstadt Tulln. Ein Kleinod gleich direkt neben der Donau. Kaum eine andere Stadt liegt so unmittelbar am Wasser. Schön, wenn man am **Donau-Radweg** unterwegs ist. Da braucht man nur einmal umfallen und ist am Hauptplatz, dem quirligen Herzen der Stadt.

HINEIN ZUR KUNST

Direkt an der Donaulände liegen auch Tullns kulturelle Highlights. **Donaubühne,** eh kloar! Da kann man im Sommer Konzerte hören mit Blick aufs Wasser. Eine Institution ist mittlerweile die **Kunstwerkstatt Tulln.** Sie wurde in den späten 80ern von Künstlern gegründet und ist bis heute Veranstaltungsraum und Werkstatt. Kabarett, bildende Kunst, Heavy Metal, Modern Jazz. Gibt's alles – und das Programm auf **www.kunstwerkstatt.at**

DER FRÜHE VOGEL MACHT DEN SPRUNG

Fährt man mit dem Rad an der Donau stadtauswärts Richtung Wien, kommt man zum **Aubad,** ein großer schattiger Park mit natürlichem Wasser. Sandstrand, Sportplätze und eine sehr nette Taverne gibt's auch. Viele Gründe, warum das Bad an heißen Tagen sehr voll ist. Tipp: Früh aufstehen und ins Wasser springen. So entspannt kann der Sommertag in Tulln beginnen.

Aubad Tulln
Donaulände 78
3430 Tulln/Donau
Info-Tel: 02272/68667
geöffnet von Mai-August
www.tulln.at/erleben

TULLN IST (SCHANI-)GARTEN!

Sie nennt sich nicht umsonst Gartenstadt: Tulln besetzt das Thema wie sonst niemand. Da wäre natürlich der Blockbuster: **DIE GARTEN,** eine Gartenschau auf insgesamt 61ha. Einen Teil davon kann man übrigens auch ohne Eintritt besuchen – zum Beispiel den Wasserpark, wo man mit einem kleinen Boot auf Käpt'n machen kann. Danach schlendert man am besten entlang der Donaulände und lässt sich auf der Picknick-Wiese ins Grüne fallen. Oder man genießt die Institution Schanigarten, davon gibt es in Tulln nämlich auch besonders viele.

DIE GARTEN TULLN
Am Wasserpark 1
3430 Tulln/Donau
www.diegartentulln.at

Die Tullner Kaffeerösterei Erber verkauft am Naschmarkt auch tollen Käse, Aufstriche und Brot.

HAUPTPLATZ, MARKTPLATZ, GUTER PLATZ!

Auch der Hauptplatz ist nur ein paar Schritte entfernt von der Donau. Hier spielt sich das Leben ab, besonders wenn **Naschmarkt** ist. Ein Pflichttermin, wenn ihr Freitag in der Stadt seid. Der Hauptplatz wird auch rund ums Jahr immer wieder zum Marktplatz: vom Flohmarkt bis zum Simoni- und Georgi-Markt. Schafwoll-Socken neben Küchenkitteln. Es lohnt sich, manche Skurrilität zu entdecken. Infos dazu auf **www.tulln.at/erleben**

Rund um den Hauptplatz gibt's alles, was man fürs Überleben so braucht. Also zum Beispiel Wirtshäuser, Fleischhauer und Konditoreien. Ums Eck am Minoritenplatz 4 den urigen **Naturladen** von Andreas Weiss.

TULLN KANN AUCH SÜDEN

Es ist der Geruch. Öffnet man die Tür der **Mediteran Oase** schlägt einem sofort eine Prise Süden in die Nase. Vielleicht liegt es ja am Meer von Antipasti, die in der schönen Vitrine präsentiert werden. Freitag und Samstag gibt's hier frischen Meeresfisch. Und wer die Delikatessen nicht schleppen möchte, verputzt sie gleich direkt an den Stehtischen. Eine Flasche gekühlten Prosec-co kann man da gleich mitordern. Wer auf mediterran steht, der kann auch ins **La Grappa di Norma** in der Wiener Straße 3 essen gehen. Hier wirft einem ein echter Ita-liener die Bruschetta auf den Tisch. Das Es-sen ist wirklich gut: die Pasta, gegrillte Cala-mari, Steaks. Da kann man schon über die Deko hinwegsehen. Im Sommer bleibt man ohnehin am besten draußen sitzen.

Mediteran Oase
Bahnhofstraße 19
3430 Tulln/Donau
www.mediteranoase.at

Die **Sommergalerie Tulln** ist der Feinkostladen in Sachen Fotografie. Alexander Biedermann zeigt in der warmen Jahreszeit eigene Arbeiten und die von befreundeten Künstlern. Albrechtsgasse 13.
facebook.com/SommergalerieTulln

VON FLÖHEN UND MAUSERLN

Ein Ding, das man in Tulln unbedingt probieren sollte, sind die Mauserln. Der Rest der Welt sagt Eclair dazu. Gibt es in den Geschmacksrichtungen Schokolade und Kaffee. Welches besser ist, darüber scheiden sich die Geister. Am besten beides probieren.

Möchte man danach ein bissl raus aus der Stadt, wäre das Floh-Gartl eine gute Option. Einfach mit dem Rad oder dem Auto erreichbar, direkt an der Donau in Langenlebarn. **Die Gastwirtschaft Floh** ist Feinschmeckern ja schon lange ein Begriff. Nur wenige wissen, dass der Floh im Sommer auch diesen urigen Gastgarten betreibt, besagtes **Floh-Gartl.** Hier gibt's einen Auszug der Speisekarte in ganz legerer Atmosphäre – und mit hoher Wahrscheinlichkeit eine lustige Herrenpartie, die an der Bar Spritzer trinkt.

Tullner Mauserl gibt's in den Konditoreien Köstlbauer und Wagner am Hauptplatz. Gehet hin und vergleichet!

Gastwirtschaft Floh
Tullnerstraße 1
3425 Langenlebarn
www.derfloh.at

ZU GAST BEI JOSEF SODOMA

Josef Sodoma kauft Wein nicht, weil er ihn gut verkaufen will. Er kauft Wein, weil er ihm schmeckt. Und weil es ihm gefällt, wenn er dann auch den Gästen gefällt. Vielleicht ist genau das der Grund, warum es etwas Besonderes ist, bei den Sodomas zu Gast zu sein. Der Josef will einen immer teilhaben lassen an seiner Freude.

Sein Wirtshaus zur Sonne in Tulln ist ein Garant für Qualität. Kaum eine Gaststätte, die Woche um Woche, Jahr um Jahr, so großartige, fein balancierte Gerichte liefert. Nie überkandidelt. Immer besonders. Egal, was und wann man isst, kann getrost weiterempfohlen werden. Geschmorte Kalbswangerl. Saisonales wie Gans & Reh. Der Ochsenschlepp, ein Wahnsinn! Schnitzel sowieso. Grammelknödel – zum Niederknien. Gerti, Markus und ihr Team in der Küche liefern Bodenständiges und immer wieder auch mediterran Inspiriertes.

Dazwischen: „der Sodoma", der dich fragt, welches Achtel du trinken magst. Am besten ihr setzt euch in die Gaststube und lasst euch etwas empfehlen.

Gasthaus Sodoma „Zur Sonne"
Bahnhofstraße 48, 3430 Tulln/Donau
Tel: 02272 64616
Sonntag & Montag Ruhetag
Unbedingt reservieren!

REZEPT

Kartoffelteig: 500g mehlige Kartoffeln, 4 Dotter, 40g Butter, 50g Grieß, 100g glattes Mehl, 50g Kartoffelmehl, Salz

Grammelfülle: 250g Grammeln, 2 Knoblauchzehen, 1 EL Schmalz, Petersilie, Salz, Pfeffer

Krautsalat: 1 kg Weißkraut, 250g Speck, 1/4l Essig, 1 EL Schmalz, Zucker, Salz, Pfeffer, Kümmel

GRAMMELKNÖDEL MIT KRAUTSALAT

Kartoffeln kochen, im Topf ausdämpfen und sofort pressen. Danach Kartoffeln kalt werden lassen und alle Zutaten zu einem Teig verarbeiten. Die Grammeln fein hacken, mit dem Knoblauch und dem Schmalz mischen, mit Salz, Pfeffer und Petersilie würzen. Von der Grammelfülle kleine Kugeln formen und im Kühlschrank kalt stellen. Dadurch lässt sich die Masse besser in den Kartoffelteig drehen. Knödel formen und 20 min in Salzwasser ziehen lassen. Das Wasser darf nicht kochen.

Speck in kleine Würfeln schneiden und in Schmalz knusprig braten. Mit Essig ablöschen. 1 EL Kümmel dazu und aufkochen lassen. Das geschnittene Kraut in die Pfanne geben und auf kleiner Flamme köcheln lassen. Abschmecken.

VON GERTI SODOMA

Gasthaus Sodoma
Bahnhofstraße 48
3430 Tulln/Donau

Komm als Gast und geh' als Freund – das Motto von Michaela Kern und Cornelia Kern-Labermeyer. Vielleicht wird auch Sina einmal in die familiären Fußstapfen treten.

DIE DREI DAMEN VOM KIRCHENBLICK

FAMILIÄRE PENSION MITTEN IN TULLN

Die Kerns betreiben in der Seilergasse eine Frühstückspension wie sie im Bilderbuch steht. Dafür haben sie das Haus
mitten in Tulln im Jahr 2010 völlig neu gebaut.
„Mit besonders geräumigen Zimmern, Parkettböden und
großen Duschen. So wie wir's selbst gern haben, wenn wir
reisen", erklärt Michaela Kern. Gemeinsam mit ihrer Tochter
führt sie das Haus – die Männer der Familie und die Oma
helfen auch mit. „Wir machen alles selber."
Darauf sind die Kerns stolz.

RAD-STALL VOR DER PENSION

Besonders praktisch liegt die Pension, wenn man am Donau-
Radweg unterwegs ist. Zentral, aber dennoch ruhig.
Plus: Einen absperrbaren Rad-Stall gibt es auch. Nettes Detail:
Auch ein kleiner feiner Weinhandel gehört zur „Familie".

Pension Kirchenblick, Seilergasse 11, 3430 Tulln
365 Tage im Jahr geöffnet, Hunde willkommen!
www.kirchenblick-tulln.at

RAINER FRIEDL

In deinen Foto-Arbeiten kommt auch Niederösterreich bzw. das Thema Land vor. Was bedeuten diese Begriffe für dich? Land ist dort, wo viel Gegend ist, wo Menschen doch noch ein bissl anders ticken – und wo es viel zu entdecken gibt. Eigentlich unglaublich, was sich in niederösterreichischen Dörfern alles finden lässt.

An welchen Plätzen spürt man dieses „Land" besonders? Im Waldviertel, im Weinviertel, auch im Tullnerfeld ... überall dort, wo gewachsene Klein-Strukturen noch nicht kaputtgemacht wurden. Vielleicht ist das eine Frage der altersbedingten nostalgischen Verklärung, aber das Typische braucht auch Patina.

Welche Zutaten braucht es für gute (Foto-)Geschichten? Eine gute Geschichte muss den Film im Kopf des Betrachters zum Laufen bringen, Assoziationen wecken. Das ist die Herausforderung – für Schreiber und Fotografen.

Wo gibt es in im Raum Tulln spannende Kunst zu sehen? Bildende Kunst in der Tullner Kunstwerkstatt, Kabarett und Kleinkunst im **Danubium**, international bedeutende Acts auf der **Donaubühne**. Und für Foto-Kunst haben Xandl Biedermann und ich 2016 eine Pop-up-Galerie eröffnet, 2017 gibt's die **Sommergalerie** und danach schauen wir einmal ...

Und wo stärkt man sich nach erfolgreichem Kunstkonsum am besten? Mit Hauben beim **Sodoma** und **Floh**, oder auch in Weinzierl beim **Böhm**. Ein gutes Gulasch gibt's im **Goldenen Schiff**. Und dann in die Tullner „Barmeile": in die Rudolfstraße zum Joe in die **Sichtbar** oder in die **Weinbar Lars**.

Ein Geheimtipp in Tulln ... Es gibt noch einen Bäcker, der wirklich bäckt: der Steiner. **www.steinerbrot.at**

Viele würden heute den Begriff *Storyteller*
bedienen: Rainer Friedl ist Geschichten-Erzähler
im besten Sinne. Als Fotograf und als Leiter der
Kommunikationsagentur FRIEDL UND PARTNER
in Tulln: **www.friedlundpartner.at**

Von ihm stammen übrigens auch viele Fotos
in diesem Buch. Mehr auf **www.subjektiv.at**

TULLNER HAUSBERGKANTE

Gifpel sucht man rund um Tulln vergebens. Dafür gibt's ausgewachsene Hügel: den Riederberg und vorher noch den Flachberg. Von beiden hat man einen schönen Blick. Plus noch entscheidender: Da gibt's kulinarisch und künstlerisch was zu entdecken.

TOLLES AM TELLER
IM LANDGASTHAUS BÖHM

Zwei bodenständige Hauben. Dafür steht Michael Böhm. Es kann gut sein, dass er in einem Moment Jakobsmuscheln brät und gleich danach gebackenes Schweinskotlett macht. Dazwischen vielleicht eines seiner Wildgerichte oder Ei mit Trüffelöl. Alles außer gewöhnlich. So wie die Wirtshausstube, in der noch eine alte Musicbox nach Einwurf des entsprechenden Kleingeldes trällert. Hier sitzt wahrscheinlich auch der Innereien-Fanclub, der immer wieder zum Böhm pilgert. Oder die Schnapser-Partie, die um Ruhm, Ehre und allerhand Preise zockt.

Landgasthaus Böhm
Dorfstraße 4
3004 Weinzierl
www.landgasthausboehm.at

MÖBEL FÜR INDIVIDUALISTEN
IM ATELIER KIFFMANN

Atelier Kiffmann
Neugasse 1
3004 Ried am Riederberg
www.atelier-kiffmann.at

Es gibt ein paar dieser Orte. Wenn man sie betritt, fühlt man sich sofort wohl. Weil eine absolute Harmonie von ihnen ausgeht. Weil schöne Dinge so gefühlvoll arrangiert sind, dass man den gestalterischen Plan dahinter gar nicht wahrnimmt. Willkommen im Atelier Kiffmann. Ingrid und Georg Kiffmann entwickeln ganz persönliche Lösungen. (Metall-)Möbel für Individualisten. Menschen, die Qualität und Details schätzen.

Wenn ihr nun auf der Suche nach einem besonderen Stück seid, dann macht euch vorab einen Termin mit den beiden aus. In ihrem *Wohnsalon* gibt es so vieles zu entdecken: Flohmarkt-Objekte, die Ingrid Kiffmann neu gestaltet. Künstlerische Arbeiten von Georg Kiffmann. Und natürlich: Sofas, Sessel, Tische, Garderoben, Luster, Sideboards und Vitrinen – wie sie in keinem Möbelhaus zu finden sind. Weil es sie nur einmal gibt. Bei den Kiffmanns.

AUF DIE PLÄTZE, FERTIG, LÖSS.

DIE REGION WAGRAM

Nördlich der Donau zieht sich eine bis zu 40 Meter hohe Geländestufe aus Löss zwischen Feuersbrunn und Stetteldorf: der Wagram. Tiefgründiger Lössboden und warmes pannonisches Klima schaffen perfekte Bedingungen für aromatische Weine und genussreiche Touren. Zur Weinregion Wagram gehören übrigens auch die Weinorte des Tullnerfelds südlich der Donau.

Entdecken kann man die Gegend gut mit dem Rad – auch in Kombination mit der Bahn. In Kirchberg am Wagram hält jeder Zug, der zwischen Krems und Wien pendelt. Fünf **Radstrecken** durch den Wagram findet ihr auf **www.regionwagram.at.** Die **Löss-Tour** zieht eine schöne Runde um Kirchberg, Großweikersdorf und Stetteldorf. Die **Kellergassen-Tour** wiederum verbindet Kirchberg mit Großriedenthal und Fels am Wagram. Vielleicht kommt ihr ja im Mai – da ist **Lössfrühling am Wagram** und mehrere Wochen volles Programm!

KUNST & KANELBULLAR IN KIRCHBERG

GALERIE AUGENBLICK & ALCHEMISTENPARK

Seit dem Jahr 2015 bespielt der **Verein Kunst Kultur Kirchberg am Wagram** Räumlichkeiten des ehemaligen Bezirksgerichts: In der **Galerie AugenBlick** finden Ausstellungen, Lesungen, Konzerte und andere künstlerische Projekte statt. Programm auf **www.kunst-kultur-kirchberg.at**. Einen Schwerpunkt legt die Galerie auf die Themen Verwandlung, Transformation und Metamorphosen – Kirchberg war früher eine Hochburg der Alchemie. In der Permakultur-Anlage **Alchemistenpark** kann man eine riesige Auswahl an heimischen Obstbäumen und -sträuchern entdecken – der Schaugarten am Keltenweg umfasst mehr als 150 Arten und ist als essbare Landschaft konzipiert. Ganzjährig geöffnet, frei zugänglich.

EIN MARKT MIT SPEZIAL-KISTERL

Wagramforellen
Rossberg 4
3463 Eggendorf am Wagram
www.wagramforellen.at

Jeden Samstag Vormittag von Frühling bis Herbst verwandelt sich der Kirchberger Marktplatz in ein buntes Spektakel. Dann ist Naschmarkt und die Standln sind voller Produkte vom Wagram. Zum Beispiel die **Wagramforellen** der Familie Hengl aus Eggendorf. Die kommen per Anhänger nach Kirchberg und werden vor den Augen des Kunden aus dem Wasser gefischt. Frischer geht's nicht. Gibt's auch fixfertig in Form von Filets, geräuchert oder als Fischaufstrich. Gleich nebenan verkauft Jaber Maklad **orientalische Spezialitäten.** Ein schöner Ausreißer zwischen den ganz regionalen Produkten. Fladenbrot und Hummus liegen da neben schwedischen Zimtschnecken, den Kanelbullar. Die bäckt Herrn Maklads Nachbarin übrigens auch fürs Woracziczky am Pfarrplatz in Krems (Seite 38). Wenn der Markt im Herbst seine saisonalen Pforten schließt, kann man seine Lieblingsprodukte online bestellen und sich sein persönliches **Naschmarkt-Kistl** an jedem gewünschten Samstag bis Weihnachten abholen. Details auf der Website.

Kirchberger Naschmarkt
Ende April bis Ende Oktober
Marktplatz
3470 Kirchberg am Wagram
www.kirchbergernaschmarkt.at

NIMM DIR SO VIEL DU BRAUCHST

Hawaruhof
Solidarische Landwirtschaft
Bahnzeile 18
3470 Kirchberg am Wagram
www.hawaruhof.at

In Sachen Grünzeug gibt es noch eine spannende Adresse in Kirchberg am Wagram: den **Hawaruhof** von Rudolf Hoheneder und Hannelore Walter. Sie bauen über 100 verschiedene Sorten an, man zahlt einen Ernteanteil und nimmt sich so viel, wie man braucht. Am Hof gibt's auch Workshops zum Thema Dammkultur, Fermentieren & Co.

GRAFENEGG: OPEN-AIR-ERLEBNISSE AM LAUFENDEN BAND

Am Kulturknotenpunkt kommt man kaum vorbei: **www.grafenegg.at**. Besonders schön ist auch der Schloss-park. Tipp: Picknick-Korb mitnehmen und in die Wiese legen. In der **Vinothegg** kann man sich übrigens gegen einmalige Gebühr durch alle Regionsweine kosten.

REDUZIERT IN DER FARBE, VERSPIELT IM DETAIL.

IRIS AUER-MÖSELER MACHT TOLLE KERAMIK

Kaffee & Kuchen passen perfekt zu Iris Auer-Möselers Keramik. Besser gesagt auf sie. Auf die Frühstücksteller aus Steinzeug. In die Espressotassen aus feinem Porzellan. „Meine Stücke müssen alltagstauglich sein", sagt Iris. Deshalb überrascht die filigran wirkende Schale aus Porzellan-Spritzern, indem sie robust in der Hand liegt. Die Technik dahinter hat Iris im Zuge vieler Masseversuche entwickelt. Beim Keramik-Machen ist es wie beim Backen. Da muss man sich an Rezepturen und Temperaturen halten. Während in der Küche Mandelmakronen und Vanillekipferl rauskommen, ist es bei Iris eine zweifärbige Porzellantasse. In Grau und Weiß, so wie die meisten ihrer Stücke. Reduziert in der Farbe. Verspielt in Struktur & Detail.

iam – Keramische Formgebung
Iris Auer-Möseler
Sachsendorf 35
3474 Kirchberg am Wagram
www.iam-keramik.at

TON-OBJEKTE FÜR
DEN GARTEN

Was das da draußen vor dem Atelier
im verwunschenen Garten ist? „Da
liegt ein Teil meiner Diplomarbeit".
Keramik-Objekte, biomorphe Struk-
turen und Formen. Mal ganz zu-
rückhaltend, ein anderes Mal metal-
lisch schillernd. Die ganz andere
Seite der Iris Auer-Möseler. Empfehlung: Lernt beide Seiten kennen. Am
besten ihr macht euch einen Termin
aus und besucht Iris in ihrem Atelier
in Sachsendorf. Vielleicht bäckt sie ja
eine ihrer tollen Mehlspeisen oder
Brot. Das kann sie nämlich auch.

Falls ihr übrigens den dazugehörigen
Garten zu Iris' Objekten braucht,
seid ihr bei ihrem Mann richtig. Max
Möseler baut Schwimmteiche und
legt Gärten an: **www.moeseler.at**

WOLFGANG GIEGLER

„Großartige Kunst kann überall passieren."
Konzeptionist, Kurator, Kulturmanager –
Wolfgang Giegler ist vieles. Und bewegt
dabei so manches am Wagram. Zum Beispiel
die Galerie Augenblick in Kirchberg:
www.kunst-kultur-kirchberg.at

Warum bist du gerade am Wagram gelandet?
Am Wagram stimmt das Maß. Es ist ein sehr menschliches
Maß. Außerdem habe ich damals in Baumgarten ein spannendes Objekt gefunden – eine alte Volksschule, in der ich
wohne. Ich empfehle den Leuten immer, einfach loszuge-
hen. Es braucht keine Wegweiser. Hier kann man die Landschaft lesen – und landet sicher in der nächsten Ortschaft.
Das wäre im Gebirge nicht möglich. Ich selbst bin übrigens
früher Motorrad gefahren, dann Fahrrad. Mittlerweile
gehe ich am Wagram einfach am liebsten.

Stichwort Kultur. Wo tut sich was am Wagram?
In der **Galerie Augenblick** natürlich. Gleich neben der Galerie haben wir einen geschichtsträchtigen Ausstellungsort
dazubekommen: das ehemalige Jugendgefängnis in Kirchberg, in dem bis in die 70er Jahre Jugendliche bestraft und
misshandelt wurden. Wir haben diese Geschichte und diesen Ort das erste Mal 2017 im Rahmen des Viertelfestivals
geöffnet – mit starker Resonanz. In Zukunft soll es hier immer wieder Kunst zu sehen geben. In Sachen Musik wäre da
natürlich das **Pleyel Kulturzentrum** in Ruppersthal – ein
Museum mit einer großartigen Freiluft-Arena für Konzerte. Oder auch die kleine **Galerie von Walter Maringer** in
der Ottenthaler Kellergasse.

Kulinarische Empfehlungen?
Der **Lösshof** in Großriedental (Seite 234). Spannend ist
auch der **Hawaruhof** von Bio-Urgestein Rudi Honeder
(Seite 225). Er baut Gemüse mit der Dammkultur-
Methode an, auch viele seltene Sorten. Das **Gut Ober-
stockstall** verabeitet das Hawaru-Gemüse übrigens zu
genialen Gerichten. Das sollte man probieren.

ECHT GROSS!

GREISSLER-LADEN MIT FAIREN PRODUKTEN

In Großriedenthal gibt es nicht nur das tolle Areal des Löss-
hofs (Seite 234), sondern auch den **gemiXtwaren-Laden**
von Gertrude Täubler. Hier kann man Samstag vormittags
Fairtraide-Produkte kaufen – Kosmetika, Spielzeug, Bio-
Lebensmittel und noch vieles mehr. Frau Täubler hat sicher
auch viele Tipps für die Gegend im Sortiment.

gemiXtwaren
Hauptstraße 56
3471 Großriedenthal
www.gemixtwaren.at
Samstag von 8-12 Uhr oder nach
telefonischer Vereinbarung

EIN WEINGUT MIT GALERIE

Seit über 300 Jahren lebt und arbeitet die Familie Mehofer
am **Neudeggerhof**. Die Generation, die heute am Ruder ist,
gibt der Region vielfältige Impulse. Einer von ihnen ist
Stephan Mehofer – er führt das Bio-Weingut, in dem es im
ersten Stock des schönen Hofes eine wunderbare
Galerie gibt. Der Verein ART WAGRAM konzipiert die
wechselnden Ausstellungen. Ein toller Platz, um Kunst und
Wein zu verbinden.

Weingut Mehofer
Neudeggerhof
3471 Neudegg 14
www.mehofer.at

Die Galerie macht auch
beim Museumsfrühling
Niederösterreich mit:
www.museumsfruehling.at

Mit der ehemaligen Lösshof-Wirtin Gitti Andre durch Großriedenthal wandern ist ein Erlebnis.

Zum Weingut der Mehofers gehört auch ein kleines **Freilichtmuseum.** Vielleicht habt ihr Glück und Stephans Vater Karl führt euch über das Gelände – er war einer der Bio-Pioniere am Wagram und weiß unglaublich viel über die Gegend. Schnaps machen die Mehofers übrigens auch. Genauer gesagt: Martin Mehofer brennt alles, was am Wagram so wächst. Vom Apfel bis zur Vogelbeere.

AUF ZUR HIATA HÜTTE

Rund um Großriedenthal kann man wunderbar durch die Weinberge wandern. Zum Beispiel auf dem grünen **Tut-gut Wanderweg** – das ist eine kleine Runde, die vom Zentrum aus startet – da gibt es auch einen tollen Blick auf den Ort. Oder ihr geht hinauf zur **Hiata Hütte** und tragt euch ins Gästebuch ein. In Neudegg spaziert es sich sehr schön auf dem **Weinweg Wadenthal**. Eine *der* Wagram-Insiderinnen ist Gitti Andre. Die ehemalige Wirtin des Lösshof hat tausende Geschichten parat. Zum Beispiel über den Wiedehopf, der am Wagram heimisch ist. Auf Wunsch begleitet euch Gitte Andre bei einer Tour. Fragt am besten im Lösshof nach.

IMMER WAS LÖSS!

MEHR ALS WIRTSHAUS:
DER LÖSSHOF IN GROSSRIEDENTHAL

Ein stimmungsvolles Ganzes hat die Familie Mehofer da verwirklicht: Der Lösshof feiert das Thema Genuss am Wagram auf verschiedenen Ebenen. Das Areal ist groß: Im Saal im ersten Stock werden rauschende Feste gefeiert. Oder Theater und Konzerte gespielt. Im Sommer wandern die Veranstaltungen oft in den schönen Garten. In der alten Gaststube vermischen sich Gäste und Einheimische zu einer balancierten Melange – hier funktioniert das Konzept Wirtshaus!

BIO-WEIN & BIER-SORTIMENT

Auf dem Teller landen klassische Gerichte, manche davon mit mediterranem Einschlag. Dafür ist der Wirt & Koch Andi Sandner verantwortlich. Freitag und Samstag gibt's Mittagsmenü. Ins Glas gefüllt werden in erster Linie die Bio-Weine von Stephan Mehofer, dem Bruder der Wirtin Eva. Andere Winzer vom Wagram kann man flaschenweise probieren. Auch Biertrinker kommen voll auf ihre Kosten – mit drei frisch gezapften Bieren und vielen verschiedenen Bio- und Craft-Bieren aus der Flasche.

Zum Lösshof gehört auch ein Gästehaus mit 3 Doppelzimmern.
3471 Großriedenthal 18, **www.loesshof.at**

HEISS: DIE ABSBERGER ITALO-CONNECTION

WEIN & PASTA IM HEISS-KELLER

Warum man in einem kleinen Keller in Absberg ausgezeichnetes Olivenöl und Pasta kaufen kann? Weil der Schwieger-Großvater von Sissy Heiss einem Italiener das Leben gerettet hat. Daraus entstanden sind eine Freundschaft, die an die nächste Generation weitergegangen ist, und auch ein kleiner Handel mit italienischen Produkten. Neben den anderen Standbeinen von Dieter und Sissy Heiss: Er ist Winzer. Und sie kocht leidenschaftlich gerne – warme und kalte Gerichte für **Caterings** oder ihre Gäste beim **Heurigen**. Da gibt es zum Beispiel Winzersalat mit gebackenem Kürbis und Speck. Vielleicht ein Tiramisù als Dessert? Diese Italo-Heurigenmischung kann was! In dem schönen Lokal ist auch ein kleiner Hofladen integriert, da zapft man sich das Olivenöl frisch in die Flasche.

Heiss-Keller
Kellergasse Absberg
3462 Absdorf
Heurigentermine auf
www.weinundpasta.at

Das Olivenöl kann man sich
im Heiss-Keller frisch
abfüllen lassen.

Martin Schmit
Genuss- und Relaxkeller Lössiade
Kellergasse Absberg
3462 Absdorf
www.lössiade.at

KELLERGASSEN-FÜHRUNGEN & BÜHNENWIRTSHAUS

In Absberg schmiegt sich Keller an Keller. **Führungen** durch die schöne Kellergasse bietet Martin Schmit. Der betreibt auch die **Lössiade,** das ist ein Keller mit Bühne – eines von knapp 15 Bühnenwirtshäusern in Niederösterreich. Hier finden rund ums Jahr Lesungen, Konzerte und Theaterabende statt. Martin Schmit ist überhaupt ein Umtriebiger. Nicht nur Kellerwirt und Kellergassen-Führer ist er. Eigentlich kommt er vom Kinderbuch-Schreiben. Für Kinder und Erwachsene bietet er **Biolaufologie-Workshops** – da verschmelzen Sportarten wie Wandern, Walken und Laufen mit Wissenswertem aus der Natur. Einzigartige Ausflüge in die Wagramer Landschaft.

Heiß ist am Wagram ein Name, den man immer wieder liest. Noch eine Empfehlung ist das Weingut Heiß in Engelmannsbrunn. Stellt euch ein auf sehr, sehr urig. Guter Wein zu tollen Preisen – auch Heurigen machen die Heiß'. Tipp: Beim Weinfrühling hinschauen. Da kredenzt Frau Heiß selbstgemachte Gänseleberpastete und viele andere kalte Schmankerln.

Ernst und Gerlinde Heiß
Dorfstraße 2, 3470 Engelmannsbrunn
Tel: 02279/3264

ROTER VELTLINER VOM WAGRAM

Eine Spezialität am Wagram ist die Sorte Roter Veltliner.
Der zungenbrecherische Begriff autochthon trifft auf ihn zu,
wächst die Rarität in Österreich schließlich nur auf rund
200 Hektar, überwiegend am Wagram. Früher war die Region
voll davon, bis der Grüne Veltliner seinen Siegeszug antrat.

Warum der Rote Veltliner wichtig ist? Weil er zum
Beispiel ein guter Begleiter zum Wiener Schnitzel ist – eine
maßgebliche Information. Ein eben solches bekommt man in
hervorragender Qualität im Wirtshaus Lösshof in Großriedenthal.

Was ihr noch wissen müsst in Sachen Roter Veltliner?
Dass er gemein eine launige Diva ist, die viel Arbeit im Weingarten bedeutet. Dafür ist der Geschmack sehr eigenständig und
elegant. Der Rote ist übrigens mit dem Grünen nicht verwandt,
dafür mit Sorten wie Neuburger, Rotgipfler und Zierfandler.

Rote Veltliner machen zum Beispiel das
Bioweingut Soellner **www.weingut-soellner.at** oder das
Weingut Familie Schuster **www.weingut-schuster.at**

ST. PÖLTEN UND DAS TRAISENTAL

WIR SIND JA ERST 30!

ST. PÖLTEN, DIE JÜNGSTE

St. Pölten ist die Stadt der Kontraste. Als älteste Stadt Österreichs ist man hier gleichzeitig die jüngste der neun Landeshauptstädte. Barock-Häuser neben Neubauten. Ein Spagat, der lange nicht einfach war. Doch das hat sich in den letzten Jahren stark verändert. Seit einiger Zeit schlägt das Herz der Traisental-Metropole schneller. Das hat mit den vielen Kultur-Schwerpunkten zu tun, die hier gesetzt wurden – mit der neuen Programmatik des **Landestheaters Niederösterreich** zum Beispiel. Mit dem belebten Rathausplatz, dem Markt am Domplatz. Und mit einer Reihe an jungen Lokalen und Geschäften, die der Stadt einen neuen Dreh verleihen.

Tourismusinformation
St. Pölten, Rathausplatz 1
3100 St. Pölten
Tel: 02742/353 354
www.stpoeltentourismus.at

Landestheater
Niederösterreich
Rathausplatz 19
3100 St. Pölten
www.landestheater.net

STADT DER ENGERLN

Die Altstadt ist wunderbar überschaubar. Hier flaniert man zwischen Barock und Jugendstil. Wer geschichtlich mehr wissen mag, lässt sich von der Hearonymus-App begleiten. Die Engerl pfeifen vom Dach, den nächsten Drink hat man gleich in der Hand. Denn zwischen Rathausplatz, Domplatz und Herrenplatz warten viele Lokale. Da kann man wunderbar sitzen und St. Pölten und den St. Pöltnern zuschauen.

Zum Stadtspaziergang
mit der Hearonymus-App
www.stpoeltentourismus.at

QUIRLIGES KULTURLEBEN

Festspielhaus St. Pölten
Kulturbezirk 2
3100 St. Pölten
www.festspielhaus.at

Bühne im Hof
Linzer Straße 18
3100 St. Pölten
www.buehneimhof.at

Cinema Paradiso
Rathausplatz 14
3100 St. Pölten
www.cinema-paradiso.at

FM4 Frequency Festival
www.frequency.at

Nicht nur das Landestheater macht erstklassiges Programm, auch das **Festspielhaus St. Pölten** mit seinen internationalen Produktionen. Die **Bühne im Hof** ist ein netter Ort für Kabarett, Lesungen und kleine Konzerte. Sehr fein! Genauso wie das **Cinema Paradiso** – ein Programmkino mit Bar direkt am Rathausplatz. Am Abend gibt's hier immer wieder Konzerte und DJ-Lines. Wer frischen Nachwuchs hat, kann damit ins Babykino. Das Cinema Paradiso ist auch ein guter Platz für ein kleines Mittagessen oder einen schnellen Kaffee. Der ist nach dem **FM4 Frequency Festival** sicher nicht fehl am Platz – schließlich ist St. Pölten da jeden August *3 Tage wach.*

IN 25 MINUTEN VON/IN WIEN

St. Pölten ist mit den Öffis gut erreichbar. Besonders schnell von Wien. Für den Großstädter hält St. Pölten sicher einige Überraschungen bereit. Und umgekehrt kann man von hier auch gut weiter Richtung Hauptstadt. Zug fährt ab!

IM SOMMER WIRD ST. PÖLTEN ZUR OPEN AIR BÜHNE

Von Juli bis August verwandelt sich der Rathausplatz in eine große Bühne der Geschmäcker, Gerüche und Geräusche. Viele Standln mit internationaler Küche laden beim **Sommerfestival** zum Kosten ein. Danach Liegestühle zum Entspannen. Das Cinema Paradiso macht Sommerkino. Mehr auf **www.stpoeltentourismus.at**

EINE BESONDERE MISCHUNG

Nuss. Nougat. Rote Traube: So schmeckt die **St. Pöltner Röstung,** die FELIX KAFFEE exklusiv für die Stadt kreiert hat. Ein vollmundiger Espressoblend, der von Felix Teiretzbacher direkt in der Stadt geröstet wird. Den gibt's zum Beispiel im Café Emmi (Seite 258) oder online.

FELIX KAFFEE
www.felixkaffee.at

Ein Muss im Sommer:
Baden am großen Viehofner See,
nachher in die Seedose.

Seedose
Dr. Adolf Schärf-Straße 21
3100 St. Pölten
www.seedose.at

Traisental-Radweg
www.traisentalradweg.at

Radeln mit Kindern
www.niederoesterreich.at/radeln-fuer-kids

EINE STADT MIT DREI SEEN

Sie hören auf die charmanten Namen **Ratzersdorfer See** und kleiner/großer **Viehofner See**. Und sie sind das Freizeitparadies der St. Pöltner: drei Seen fast mitten in der Stadt. Der große Viehofner See und der Ratzersdorfer See sind toll zum Baden und Boot fahren geeignet. Auf ersterem gibt's die legendäre **Seedose** – ein kleines Lokal mit toller Terrasse (und Eis von der Eisgreißlerei!). Ein Muss, wenn ihr im Sommer in der Stadt seid.

AB AUFS RAD!

St. Pölten – das heißt auch Knotenpunkt für viele Radwege in Niederösterreich. Einer der schönsten ist der **Traisental-Radweg,** der bis nach Mariazell führt. Auch für Familien gibt's einen tollen Abschnitt zwischen Viehofner Seen und St. Pölten Stadt. Zuerst Baden und dann ins Museum Niederösterreich. Oder lieber umgekehrt?

SCHÖN BODENSTÄNDIG:
DER WOCHENMARKT

Wochenmarkt
rund um den Domplatz
jeden Donnerstag und Samstag
Vormittag

Manche nennen ihn den Bauch von St. Pölten: den **Wochenmarkt.** Rund um den Dom- und Herrenplatz stehen dutzende Standln. Nicht nur Obst, Gemüse und Fleisch gibt's da. Auch warme Imbisse wie zum Beispiel gebackene Ährenfische oder Käsekrainer. Kurios: Am heutigen Domplatz lag einst der Stadtfriedhof von St. Pölten – er wurde bereits im 9. Jahrhundert nach Christus angelegt, 1779 aufgelassen. Deshalb steht heute der komplette Platz unter Denkmalschutz. Und deshalb buddeln hier nach wie vor Archäologen neben den Marktstandln Skelette aus. Wer mehr dazu wissen möchte, geht ins **Stadtmuseum.**

Stadtmuseum Sankt Pölten
Prandtauerstraße 2
3100 St. Pölten
www.stadtmuseum-stpoelten.at

SCHÖN ÜBERRASCHEND:
DIE KELLERGASSE

Rendl Keller
Mamauer Kellerweg
3100 St. Pölten
www.rendlkeller.at

Kaum ein Besucher vermutet, dass St. Pölten auch eine Kellergasse hat. Ist aber so. Der Rendl-Keller versorgt hier mit Ess- und Trinkbarem. Achtung auf die Öffnungszeiten – Reservierung empfohlen.

ESSEN & EINKAUFEN

Bei **garbarage** werden aus alten Aktenordnern Taschen, aus Bowling-pins entstehen Kegelvasen. Schmuck und Schnickschnack für Design-verliebte. Sozial und ökologisch nachhaltig, produziert von jungen Menschen, die's sonst schwer am Arbeitsmarkt haben.

garbarage
Marktgasse 6
3100 St. Pölten
www.gabarage.at

VOM RATHAUS BIS ZUM HERRENPLATZ

Vom Rathausplatz lässt man sich am besten in konzentrischen Kreisen Richtung Herrenplatz treiben. Zum Beispiel durch die Marktgasse, die Kremser und die Wiener Straße – und schon ist man da am Herrenplatz, einer der quirligsten Ecken der Stadt.

NITSCH & CO IN DER GALERIE MARINGER

Direkt am Herrenplatz befindet sich die Galerie Maringer. Auf den ersten Blick etwas unscheinbar, birgt sie zahlreiche Schätze. Auch im Keller! Originale von Hermann Nitsch, Arnulf Rainer und vielen anderen großen Österreichern sind da zu sehen – und mit entsprechendem Kleingeld auch zu erstehen. Dazwischen junge Kunst aus Österreich.

Galerie Maringer
Herrenplatz 3
3100 St. Pölten
www.galerie-maringer.at

KLEINES BÜCHERPARADIES

Ums Eck ist die Bücherei Schubert. Klein und fein. Hier diskutieren die Buchhändler noch lebhaft über den letzten Krimi, den sie gelesen haben, bevor sie eine Empfehlung abgeben. Auch viele Reise- und Kochbücher gibt's zu entdecken!

Buchhandlung Schubert
Wiener Straße 6
3100 St. Pölten
www.buchhandlung-schubert.at

WENN EIN CAFÉ ZUR INSTITUTION WIRD

DAS CAFÉ SCHUBERT

Kaum ein Ort ist in St. Pölten voller als das Café Schubert am Samstag Vormittag. Hier quetschen sich Hofräte neben Geschäftsfrauen, Pensionistenrunden neben junge Eltern. Kein Wunder. Das Café ist in St. Pölten längst eine Institution. Für Sehen und Gesehen werden – wo kann man das besser als an einem der vielen Tische vor dem Café? Da zieht ganz St. Pölten vorbei mit seinen Einkäufen vom Markt. Drinnen geht's gemütlich zu in den vielen verschiedenen Ecken des Cafés. Am besten sucht man sich einen Platz an der kleinen Bar. Da hat man freie Sicht auf Danilo, den Barista, der auch schon irgendwie eine Institution ist. Und natürlich auch auf die wunderbaren Mehlspeis-Kreationen in der Vitrine.

Café Schubert
Herrenplatz 1
3100 St. Pölten
www.cafeschubert.at
täglich geöffnet

Normalerweise heiß begehrt:
Die Plätze rund ums Café.

Da geht's in süßer Hinsicht schön klassisch zu. Wiener Mehlspeisen, hin und wieder ein Hauch französisch. Alles kommt aus der eigenen Patisserie.

VON „DIE BRIEFMARKE" BIS „ROLLING PIN"

Im Café Schubert kann man auch eines: so richtig lesen. Also auf Papier. Die Auswahl an Zeitungen und Zeitschriften ist hier nämlich überdurchschnittlich gut. Was gibt's Besseres als sich mit einem Cappucino in einen Berg Zeitschriften zu vergraben? Gut, manche bestehen auf Espresso. Gibt's beides – nämlich mit hervorragendem Kaffee von FELIX KAFFEE aus St. Pölten.

MITTAGSGERICHTE OLÉ

Der Mensch lebt nicht von Kaffee alleine. Deshalb bietet das Café Schubert auch ausgezeichnete Mittagsgerichte. Am besten auf die Website schauen, was gerade auf der Karte steht: **www.cafeschubert.at**

Mareike (l.) kommt von der Kultur, Johanna ist eigentlich
Innenarchitektin. Miteinander schließen sie in St. Pölten
eine Marktlücke: gesundes schnelles Mittagessen.

SUPPERIÖR – LOKAL/GESCHÄFT

LINSENDAL & DESIGN

**ZWEI QUEREINSTEIGERINNEN
MACHEN TOLLES BIO FAST FOOD.**

Wenn Anzugträger Mandelsuppe schlürfen und Schüler statt Pommes lieber Linsendal löffeln, dann muss es gut sein. So wie bei Johanna und Mareike von **supperiör.** Die Zwei betreiben das kleine Lokal in der Marktgasse, in dem es mittags frische Suppe und Eintopf gibt. Im Sommer Salat. Stets mit frischen Bio-Zutaten, oft vegan. „Viele St. Pöltner benützen uns für ihren fleischlosen Tag in der Woche. Obwohl ich auch ab und zu Fleisch koche", lacht Johanna. Eigentlich Innenarchitektin. Deshalb gibt's im supperiör nicht nur Suppe, sondern auch super Design. Kleine feine Dinge von Labels, die man sonst in der Stadt nirgendwo kaufen kann.

supperiör
Mareike Aram &
Johanna Ruthner
Marktgasse 3
3100 St. Pölten
www.suppendesign.at

SÜSSE EIERSPEIS ZUM FRÜHSTÜCK

Die Suppen kann man auch mitnehmen oder an einem von mehreren Lieferstandorten abholen. Was/wann/wo steht auf der Website. Zum Frühstück gibt's zum Beispiel Porridge und süße Eierspeis. Die genießt man am besten im Lokal oder draußen im schönen Innenhof.

HIER TOBEN WIR UNS BEIM KAFFEE AUS.

CAFÉ EMMI IN DER LINZER STRASSE

Wer auf Kaffee steht, der sollte das Café Emmi nicht versäumen. In dem sympathisch-bunten Lokal kann man stets zwischen zwei Röstungen wählen. Filterkaffee, Cold Brew und andere Kaffee-Kreationen gibt's auch. Manche davon verfeinert mit dem Eis vom BioHansinger aus Kilb. Herz, was willst du mehr? Vielleicht eine dieser tollen Süßigkeiten aus der hauseigenen Backstube. Da kann man zuschauen beim Torten-Verzieren – und sich gleich sein Stück aussuchen. Cheesecake oder doch Bananabread? Beides! Kann man ja auch mitnehmen, so wie verschiedene Röstungen von FELIX KAFFEE und allerlei Kaffee-Schnickschnack.

SUPERHELDEN BRUNCHEN ANDERS.

Die aktuellen Brunchtermine findet ihr auf der Website **www.kaffeebohnenmonster.at**. Da gibt's dann oft ein Motto, sprich es kann schon mal superheldenhaft zugehen. Oder ganz regional. Hauptsache immer etwas anderes. Auch so ein Motto im Emmi.

Café Emmi
Linzerstraße 1
3100 St. Pölten
www.kaffeebohnenmonster.at

BioHansinger
Raiffeisenplatz 1
3233 Kilb
www.hansinger.at

ECHT BESONDERS.

DIE GASTWIRTSCHAFT VINZENZ PAULI

Vinzenz Pauli
Alte Reichsstraße 11
3100 St. Pölten
www.vinzenzpauli.at

Wer nur einen Abend in St. Pölten ist, der sollte diesen im Vinzenz Pauli verbringen. Kaum ein anderes Wirtshaus hat so ein Flair. Hier spürt man die Patina eines Lokals, das schon viele Geschichten erzählen kann. Der Name stammt übrigens vom Wirten, der das Lokal zu dem gemacht hat, was es heute ist. Die jungen Betreiber haben's mit sehr viel Gespür wiederbelebt. Die vielen Räume des Lokals wunderbar renoviert, dem großen Gastgarten Leben eingehaucht.

ERBSENSUPPE, BACKFLEISCH & PET NAT

Gewusst? Das Vinzenz Pauli
ist das Schwesternlokal
vom Café Emmi (Seite 258) und
vom Café Schubert (Seite 253).

Auf der Karte stehen klassische Wirtshausgerichte. Dazwischen auch etwas zum Ausprobieren. Da reiht sich Shakshuka neben der Schwammerlsauce ein. Dazu noch die sehr umfangreiche Weinkarte – mit Ausflügen nach Deutschland und Frankreich! Ja, so toll schmeckt St. Pölten!

Vinzenz Pauli: In der Gastwirtschaft lässt sich's auch gut feiern.

NÖRDLICH VON ST. PÖLTEN

In Schloss Walpersdorf
(Seite 264)

DIE WEINSTRASSE TRAISENTAL

Das Traisental ist zwar das kleinste Weinbaugebiet Niederösterreichs, aber sehr oho! Entlang der **Weinstraße** kann man westlich und östlich der Traisen viele Weinbaugemeinden entdecken. Eine davon ist Kappeln, der geographische Mittelpunkt Niederösterreichs. Vielleicht findet ihr hier auch eure Mitte. Durch die Gemeinden des Traisentals führen der **Jakobsweg Weinviertel** und viele weitere schöne Wanderwege. Ein empfehlenswertes Ziel ist das **Wetterkreuz** – eine Aussichtswarte, die man zum Beispiel von der Wagramer Kellergasse erklimmen kann. Hier sieht man wunderbar über das Traisental, das Kremstal und auf die Donau. Vielleicht habt ihr Glück und eine Kiste mit frischen Äpfeln der Familie Fischer (Seite 274) steht herum. Dann beißt nur munter hinein! Denn das Traisental ist auch bekannt für tolles Obst. **www.traisental.mostviertel.at**

ABSTECHER NACH TRAISMAUER

Auch das Städtchen Traismauer liegt an der Weinstraße. Hier findet ihr den kleinen Bioladen **gsunds Eck**, wo ihr Lebensmittel aus der Region kaufen oder mit einem Bio-Frühstück entspannt in den Tag starten könnt. Im Sommer gibt es hier Eis vom **BioHansinger** aus Kilb – ein besonderer Genuss. Den bietet auch das Restaurant **Nibelungenhof.** Hier könnt ihr in die Welt von *Succowell* eintauchen – eine Kochmethode, die auf frisch gepressten Gemüsesäften basiert.

gsunds Eck, Wiener Straße 14, 3133 Traismauer, **www.gsundseck.at**
Nibelungenhof, Wiener Straße 23, 3133 Traismauer, **www.nibelungenhof.at**

EIN SCHLOSS.
VIEL WOW!

SCHÖNES ENTDECKEN IN WALPERSDORF

Das Renaissance-Schloss in Walpersdorf strahlt seit kurzer Zeit wieder im alten Glanz. Ein Ort für Ästheten. Denn das Schloss selbst ist wunderschön – so wie die Dinge darin. Da wäre der **Lederleitner Home Store,** der einen in unzähligen Räumen eintauchen lässt in die Welt von skandinavischem Interieur und italienischem Design. Besonders stimmungsvoll ist hier die Adventausstellung. Stärken kann man sich in der **Schlossküche Balthasar.** Am besten nimmt man in dem schönen Innenhof Platz und lässt sich verwöhnen. Hier weht auch ein Hauch von Bier durch die Luft – die hauseigene Brauerei ist gleich ums Eck. So wie die Kaffeerösterei Süssmund. Alles auf **www.schloss-walpersdorf.net**

KULTUR & FESTE IM SCHLOSS

Diese Mauern sind einfach wunderbare Rahmen. Für die klassischen Konzerte, organisiert vom Verein Kultur Schloss Walpersdorf. Und natürlich für Feste aller Art und Größenordnungen. Konzert-Programm auf **www.schloss-walpersdorf.at**

DIE UNREGELMÄSSIGE
LEICHTIGKEIT DES SEINS

GOLDSCHMIEDEMEISTERIN
ANTONIA KOCH

Perlmutt-Jetons aus dem 18. Jahrhundert. Schönschreib-Hefte einer jungen Französin. Filigrane Figuren aus Bein. Nein, wir sind nicht auf einem Pariser Flohmarkt. Sondern in der Werkstätte von Antonia Koch in Schloss Walpersdorf. Hier verarbeitet die Goldschmiedemeisterin Floh-markt-Funde zu ganz persönlichen Schmuckstücken.

„Ich mag Dinge, die unregelmäßig sind. Schmuck, bei dem man das Handwerk sieht", erzählt Antonia. So bedienen ihre Stücke die Sehnsucht. Nach Einzigartigkeit, nach Geschichte und Geschichten. Neben den „recycelten" Schmuckstücken, entwirft Antonia Koch auch eigene Kollektionen. Zum Beispiel Ringe, die aus hunderten Silber-tupfen bestehen. Oft dabei: ein Stück Text. Zum Beispiel aus „Der kleine Prinz". Eine Zeile aus einem Song. Was auch immer gerade passt.

Übrigens: In Antonias Werkstatt können Paare auch ge-meinsam (Ehe-)Ringe schmieden.

Antonia Koch, Werkstatt in Schloss Walpersdorf,
Schlossstraße 2, 3131 Walpersdorf, **www.antonia-koch.at**

Entlang der Weinstraße Traisental.

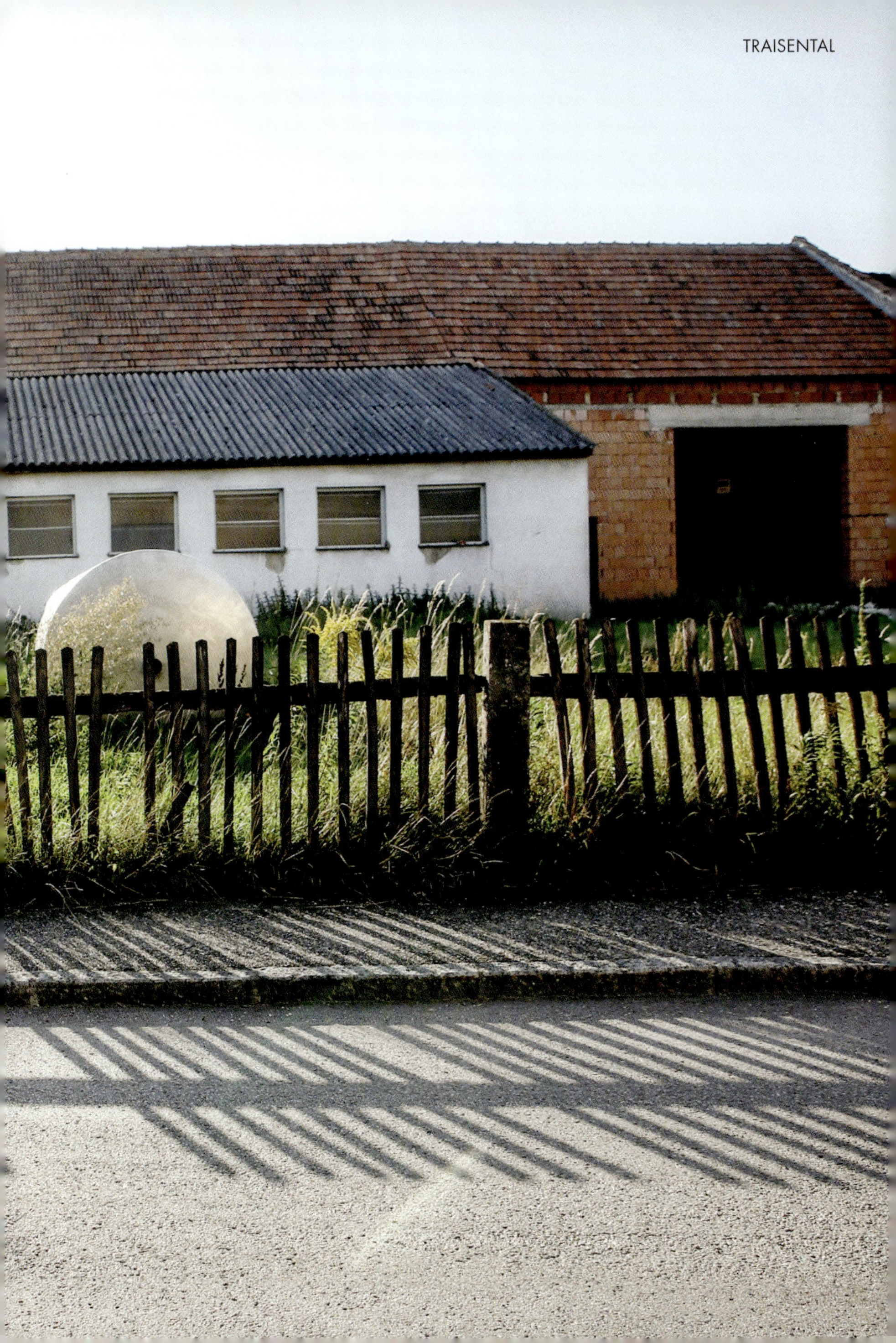

DER ER-NÄHRER
VON RASSING

HIRN UND HECHT

Zwischen Herzogenburg und Traismauer, mitten in der
Traisentaler Pampa, kocht Mike Nährer außergewöhnlich
gut – und das schon konstant lange. Übernommen hat er
das Gasthaus von seinen Eltern 2010, die Haube gab's bereits 2009. Und angefangen hat alles noch viel früher. Salz-
burger Nockerln hat Mike nämlich schon als 10-Jähriger
gekocht in der Küche seiner Großmutter. Heute geht's im
Gasthaus Näherer wie seit jeher bodenständig zu: Hirn mit
Ei und Kalbskopf stehen auf der Karte. Auch immer wieder
außergewöhnlicher Fisch wie Hecht und Felchen.

Gasthaus Nährer
Hubertusstraße 2
3141 Rassing
Tel: 02784/22 24
www.gasthaus-naeherer.com

Reservierung empfohlen.
Am besten gleich Menü
mitreservieren!

Mike Nährer ist Mitglied von
JUNGE WILDE, eine
Vereinigung junger Köche.
www.jungewilde.eu

FAMILIENGERICHT, ÜBER DAS MAN SPRICHT.

Das Wirtshaus der Nährers ist seit Generationen bekannt für ein ganz spezielles Gericht: offene Leberwurst mit Gulaschsaft. Es wird seit ganzen 50 Jahren nach dem gleichen Familienrezept zubereitet. Viele Gäste kommen deswegen und versammeln sich in der rustikalen Stube rund um den gemütlichen Stammtisch.

VON KOPF BIS FUSS AUF VERKOCHEN EINGESTELLT

Mike Nährer weiß, wie man Fleisch zerlegt. Muss er auch. Denn die Jäger bringen, was ihnen vor die Flinte läuft. Ein Grund, warum man im Wirtshaus auch viele Wild-Gerichte essen kann. Alles wird verkocht, auch Innereien. Zum Beispiel in Form eines Beuschels, das Mike Nährer mit einem weichen Wachtelei serviert – wahnsinnig cremig. Wird nur noch getoppt vom Semmelknödel in Knusper-Hülle. Das allein ist schon ein guter Grund, um Richtung Rassing zu rasen.

JULIANE FISCHER

Was macht das Traisental für dich besonders?
Das Traisental ist extrem vielfältig: Da gibt es die gebirgige, rauere Gegend bei Türnitz, wo der Fluss entspringt und meine Heimatgegend mit milderem Klima, wo Wein- und Obstbau eine große Rolle spielen. Entlang der Traisen zu radeln, hat etwas sehr Beruhigendes.

Einen Tipp entlang der Weinstraße?
Das Traisental ist der Geheimtipp beim **Weinfrühling** Ende April/Anfang Mai und bietet eine gute Chance unterschiedliche Betriebe und Philosophien hinter den Weinen der Region direkt vor Ort und von den Produzenten selbst zu erfahren.

Wo gehst du mit Freunden essen?
Morgendlicher Plausch: im **Naturkostladen gsunds Eck** in Traismauer. Der macht ab sechs Uhr Frühstück und gesunde Jause zum Mitnehmen. Gut Essengehen kann man zum Beispiel in St. Pölten im **Vinzenz Pauli** und im **Café Schubert**.

Ein guter Platz zum Schreiben. Gibt's Orte, die dich besonders inspirieren? Mein Schaffen ist im doppelten Sinne „zwischen den Zeilen" – einerseits als schreibende Journalistin, andererseits weil ich meinen Ausgleich bei der Arbeit im Weingarten finde. Es ist faszinierend und erdet zu beobachten, wie sich die Natur mit den Jahreszeiten verändert und alles seinen Rhythmus hat.

Kultur/Weinkultur – welche Plätze muss man gesehen haben?
Ich schätze die Fotografie-Ausstellungen und Konzerte in der **Fine Art Galerie** in Traismauer und das Spazieren auf den **Wetterkreuzberg.** Auf das neue Haus der Geschichte in St. Pölten bin ich schon gespannt.

Juliane Fischer ist freie Journalistin
und lebt in Wagram ob der Traisen.
Sie schreibt unter anderem für Die Presse
und BIORAMA.

PFIRSICHE FÜRS STEIRERECK

Wollschafe als Rasenmäher, Brennessel-Auszug als
Pflanzenschutz im Weingarten: Viktor und Lorenz Fischer
machen vieles anders. Gut so!

OBST UND WEIN.
SO SOLL'S SEIN AM BIOHOF FISCHER.

Trauben, Pfirsiche, Äpfel, Birnen, Dirndln, Weichseln – ja
sogar Kiwis wachsen am Biohof Fischer. Dahinter stehen die
zwei Brüder Viktor und Lorenz. Der eine macht den Wein,
der andere das Obst. Gemeinsam mit dem Rest der Familie –
und mit Unterstützung einer Handvoll Wollschafe – betreiben
sie die Landwirtschaft in Wagram bei Traismauer. Vielfalt ist
Programm. So wachsen am Hof satte 25 Sorten Äpfel. Auch
Pfirsich ist nicht gleich Pfirsich – sechs verschiedene Sorten
laden ein, Unterschiede zu schmecken. Den Zugang schätzt
auch die Top-Gastronomie wie das Steirereck in Wien.

HOFLADEN & FOODCOOPS

Alle Weine und das Obst der Saison kann man im Hofladen
kaufen. Auch einige Produkte von befreundeten Produzenten.
Vielleicht habt ihr Glück und es steht ein Topf Streich-Liesl
beim Weinverkosten herum– tolles Apfel-Zwiebel-Schmalz!
Die Fischers beliefern übrigens auch viele FoodCoops in Wien.
Fragt am besten persönlich!

Biohof Fischer, Wachaustraße 30, 3133 Traismauer-Wagram
Infos und Öffnungszeiten auf **www.fischer-abhof.at**

#CUVEE etikete
#FRAUENZIMMER
#REGIONAL

Winzerin
Viktoria Preiss

Beraterin
Martina Peßenhofer

**Winzerin
Sabrina Veigel**

ZWEI MAL ZWEI FRAUENZIMMER UND EINE REGIONALBANK.

Vier junge Frauen studieren miteinander und beschließen, dass sie mehr wollen. Jede stammt von einem Weingut, zusammen wollen sie viel erreichen.

Das ist die Geschichte von Sabrina Veigel und Viktoria Preiss. Sie sind die beiden, die beim Projekt *Frauenzimmer* für den Weißwein zuständig sind. Liegt auf der Hand – Veronika bewirtschaftet Rebflächen im Traisental, Sabrina in der Wachau. Gemeinsam mit Viktoria Kugler und Michaela Riedmüller aus dem Burgenland machen sie pro Jahr drei außergewöhnliche Weine: einen Weißwein- und einen Rotwein-Cuvee. Für den *Frauenzimmer Prickelnd* verschneiden die Vier je einen Wein aus jeder Region. Holunderblüte & Zitrone heißt der Jahrgang 2016 übrigens.

Verkosten kann man die Frauenzimmer-Weine in allen vier Weingütern, bestellen auch auf **www.frauenzimmerwein.at**

Die Stärken jeder Region zusammenbringen – diese Geschichte hat der Raiffeisenbank gut gefallen. Sie unterstützt die vier Winzerinnen, die allesamt Kundinnen seit vielen Jahren sind. „Beim Reden kommen die Leut' z'samm", so das Motto von Beraterin Martina Peßenhofer. Passt auch zu den vier Jungwinzerinnen!

**Raiffeisenbank
Krems**

SÜDLICH VON ST. PÖLTEN

Auf dem Muckenkogel.

RAUF AUF DIE INSEL.

BEIM JÜNGSTEN HÜTTENWIRT
NIEDERÖSTERREICHS IN OCHSENBURG

Albondigas vom Angus-Rind mit Polenta. Gebackene Blunzen-
taler auf Weißkrautsalat. Currywurst mit Hüttenketchup.
Auf der Ochsenburger Hütte wird man oft überrascht.
Mit besonders gutem Essen. Der großen Auswahl an Weinen.
Und vielen gestalterischen Details in der gemütlichen Gaststube.
Das Motto der Gastgeber: Rauf auf die Insel. Passt gut, denn
dieser Platz ist Natur pur. Der erste größere Hügel nach St. Pölten
und schon ist man in einer Welt, die sich ganz nach *Urlaub in
Österreich* anfühlt. Verantwortlich dafür sind Rafael Pils und sein
Team. Der jüngste Hüttenwirt Niederösterreichs hat viel Erfah-
rung im Rucksack: Aufgewachsen mit dem Gasthof Pils
(Seite 287), hat er schon im Laté in Krems gearbeitet, zuletzt war
er Restaurantleiter in der Gastwirtschaft Floh (Seite 211).
Kein Wunder also, dass die Hütte brummt. Rund ums Jahr gibt es
dazu noch viele Veranstaltungen, auch im Winter!

D'Rudi – Ochsenburger Hütte, Kreisbachtal 15
3150 Wilhelmsburg, **www.ochsenburgerhuette.naturfreunde.at**

REZEPT

TRAISENTALER ALBONDIGAS

Faschiertes vom Angus Rind mit Koriander, Sojasauce, Pfeffer, Chilli, gemahlenen Limettenblättern und Semmelbröseln mischen. Etwas Blauschimmelkäse unter das Faschierte mischen. Golfballgroße Bällchen formen und in Öl scharf anbraten. Paradeiser, Käfer-Bohnen, Schalotten in den Topf beigeben und mit Birnenessig ablöschen. Mit Gemüsefond aufgießen und ca. 1 Stunde einreduzieren lassen.

Als Beilage Polenta! Maisgrieß in Butter anschwitzen und mit Rindssuppe aufgießen. Abschmecken mit Salz und Zimt .

VON RAFAEL PILS

D'Rudi – Ochsenburger Hütte
Kreisbachtal 15
3150 Wilhelmsburg

SHOPPEN AB HOF.

JOGHURT & KÄSE VON DEN
WILHELMSBURGER HOFLIEFERANTEN

Uschi, Nancy, Zofe: Rund 40 Kühe stehen am Hof der Familie Bertl. Johannes Bertl kennt sie alle beim Namen. Gut so, denn die Damen sorgen dafür, dass am Bauerhof großartige Milchprodukte entstehen. Joghurt zum Beispiel, das den Ausdruck *cremissimo* wirklich verdient. Bröseltopfen, Aufstriche, eingelegte Käsebällchen. Natürlich auch der Traisentaler Hofkäse, ein Leitprodukt der Region. Johannes Bertl will nichts weniger als eine Revolution: Die Leute wieder zurück auf den Geschmack der Dinge bringen. Deshalb kommen in sein Erdbeerjoghurt auch nur Milch, Erdbeeren und Rübenzucker. Keine Aromen. Der Hofladen ist ein kleines Paradies für Käseliebhaber. Nicht nur die rund 40 Käsesorten vom Hof kann man hier kaufen, auch die Spezialitäten befreundeter Käsemacher und anderer Produzenten. Popcorn aus St. Pölten. Apfelchips und Nudeln. Wachtelei-Produkte von **die Wachtelei** – die ist übrigens gleich ums Eck: **www.diewachtelei.at**

Wilhelmsburger Hoflieferanten
Pömmern 4
3150 Wilhelmsburg
Öffnungszeiten des Hofladens auf
www.hoflieferanten.at
Führungen und Käseseminare
gegen Anmeldung.

FRISCHE FISCHE VON MIKE'S FARM

Mike's Farm
Fischzucht
Wilhelmsburger Straße 33
3150 Ochsenburg

Öffnungszeiten des Hofladens
siehe www.mikesfarm.at

Biegt man in Ochsenburg von der befestigten Haupstraße ab, kommt man ein paar hundert Meter und einige Schlaglöcher später zu Mike's Farm. Eine Fischzucht, in der auch Hühner, Gänse und Truthähne herumstreunen. Ein Platz, an dem in großen Beeten traumhaftes Gemüse wächst. Am Wochenende kann man sich die Regenbogenforellen und Saiblinge ganz frisch holen. Jeden Freitag gibt es Räucherfisch. Fleisch auf Bestellung.

FISCHEN, CHILLEN, GRILLEN

Man kann aber auch einen ganzen Tag oder Abend hier verbringen. Fischen, chillen & grillen. Auf Mike's Farm gibt es nämlich auch eine lauschige Sommerküche, die man mieten kann. Da kann man die selbstgefangenen Fische auf den Grill schmeißen und Gemüse aus den Beeten zupfen und selbst verkochen. Falls der Abend und die Lagerfeuerromantik danach nicht enden wollen, bezieht man eines der Gästezimmer.

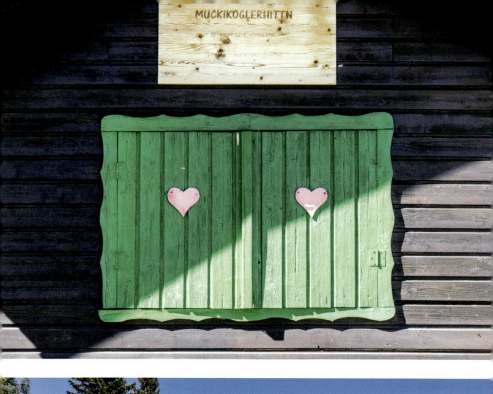

MUCKENKOGEL & ROTHEAU

HÖHENLUFT MIT VANILLESAUCE.

ENTSCHLEUNIGT AM 1ER-SESSELLIFT

Lässt man sich vom nördlichen Traisental Richtug Süden treiben, verändert sich ab Wilhelmsburg die Landschaft. Aus flach wird hügelig. Ja, fast bergig geht's dann ab Lilienfeld zu, wenn man sich dem 1248 Meter hohen **Muckenkogel** nähert. Die Ehrgeizigen gehen rauf, alle anderen nehmen den charmanten **1er-Sessellift** und genießen die 20-minütige Entschleunigungs-Sitzung. Oben angekommen wartet ein wunderbarer Fernblick auf die umliegenden Gipfel und eine Karte mit den verschiedenen Wanderrouten. Mehrere Hütten können am Kogel erklommen werden. Fragt man den Profi, so empfiehlt der einen Stopp im **Almgasthof Billensteiner.** Drei Generationen kochen hier den *besten Schweinsbraten.* Danach vielleicht einen Topfenstrudel mit Vanillesauce? Danach am besten Liegestuhl und Mittagsschlaf!

Betriebszeiten des 1er-Sessellifts auf www.sessellift-lilienfeld.at *Achtung Winterpause!*

BESCHWINGT IM GASTHOF PILS

Will man es sich nach einer ausgiebigen Tour besonders gut gehen lassen, kehrt man beim Pils ein. Auf den ersten Blick ein normaler Gasthof, entpuppt sich die Küche hier als wahres Highlight. Noch außergewöhnlicher ist die Weinkarte, die mehr als 500 (!) Positionen enthält. Hier kann man sich durch Frankreich und Italien trinken – durch alle österreichischen Weingebiete sowieso. Der Wirt Karl Pils sammelt seit mehr als 20 Jahren Wein. Und er züchtet Schafe. Deshalb landen hier am Teller regelmäßig Lamm-Gerichte wie Curry oder Beuschel. Generell verarbeitet Karl Pils am liebsten regionale Produkte: „Jakobsmuscheln habe ich schon vor zehn Jahren von der Karte gestrichen."

Gasthof Pils Rotheau 6 3153 Eschenau www.gasthof-pils.at Reservieren empfohlen.

Der Fleck muss wp!

Sie sind eine seltene Spezies geworden. Deshalb: Krallt sie euch, wenn Feuerflecken vor eurer Nase frisch gebacken werden. Diese Spezialität aus Brotteig schmeckt am besten, wenn sie direkt vom Holzofen kommt. Puristen bevorzugen die Variante mit Schmalz und Knoblauch. Rahm mit Kräutern ist auch weit verbreitet.

Das Feuerflecken-Barometer schlägt oft bei Kellergassenfesten aus. Die sollten ohnehin auf eurer Liste stehen, wenn ihr das Land kennenlernen wollt.

VON WACHTELEI BIS STRAUSSENSTEAK

GÜTESIEGEL FÜR AUTHENTISCHE GESCHMACKSERLEBNISSE

Ihr wollt Niederösterreich schmecken? ProduzentInnen kennenlernen? Dann haltet euch an **Gutes vom Bauernhof.** Unter diesem Gütesiegel vermarkten Bäuerinnen und Bauern ihre Produkte direkt. Das heißt: Ihr könnt sie am Hof besuchen und einkaufen. Der Vielfalt sind dabei kaum Grenzen gesetzt: Erdäpfeln, Rindfleisch, Brot und Traubensaft gibt es da zu erstehen. Aber auch Ausgefallenes wie Straußenfleisch, Wachteleier oder Blütenpollen.

BETRIEBE ONLINE ODER ÜBER APP FINDEN

Den Überblick über die rund 170 Betriebe in Niederösterreich findet ihr auf **www.gutesvombauernhof.at**. Alle davon erfüllen strenge Kriterien: Die Produkte müssen vom eigenen Hof stammen und sorgfältig verarbeitet werden – unter Einhaltung hoher Qualitäts- und Hygienevorschriften.

Einkaufsführer bestellen unter Tel: +43 5 0259 26500 oder downloaden auf www.gutesvombauernhof.at Inklusive App!

Viele Gutes-vom-Bauernhof-BäuerInnen verkaufen ihre Produkte auch auf Märkten. Es lohnt sich zu gustieren! **Rezepte mit den Produkten** gibt es übrigens auch auf www.gutesvombauernhof.at. Hier eines für all jene, die den süßen Seiten Niederösterreich besonders anhängen.

NIEDERÖSTERREICHISCHE SCHNEEBÄLLE

Rezept
400g Mehl
300g Butter
3 Eier
2 EL Sauerrahm
2 EL Weißwein
1 Prise Zimt
1 Prise Salz
Frittierfett
Staubzucker

Teig: Mehl mit Butter, Dotter, Ei, Rahm, etwas Weißwein, Zimt und Salz zu einem glatten Teig verkneten. Eine halbe Stunde kühl rasten lassen. Schneebälle formen: Den Teig dünn ausrollen und Quadrate von 15 x 15 cm ausradeln. Jedes Teigstück in fingerdicke, parallel verlaufende Streifen schneiden ohne die Ränder dabei zu durchtrennen. Den Teig mit einem Kochlöffel „auffädeln" und die Teigfleckerl gut gelockert in eine Schneeballenform legen, diese in das heiße Fett tauchen und einige Minuten goldbraun frittieren. Die Schneeballen aus dem Fett nehmen und auf dem Küchenpapier abtropfen lassen. Noch warm rundherum in Staubzucker wälzen oder bestreuen. Quelle: LKÖ

VIEL MEHR ALS BRETTLJAUSE

DIE INSTITUTION HEURIGER

Wer Niederösterreich besucht und nicht zum Heurigen geht, hat das Land nicht wirklich kennengelernt. Diese wichtige Institution sollte man keinesfalls verpassen, kann man hier doch niederösterreichische Produkte in ganz besonderem Ambiente kosten. Ein gutes Heurigen-Navi ist das Gütesiegel **Top-Heuriger.** Das sind rund 130 Wein- und Mostheurige, die sich über 50 Qualitätskriterien stellen.

URIG, KLASSISCH, MODERN

Die Mitglieder von Top-Heuriger sind so bunt wie die Brettljause, die bei vielen auf der Karte steht. Vom urigen Kellergassen-Heurigen bis zum modernen gewerblichen Betrieb. Hier kann man als Gast aus einer breiten Palette wählen. Jeder wie er mag.

Alle Infos und die Top-Heurigen-Betriebe gibt's auf www.top-heuriger.at Den Top-Heurigen-Kalender könnt ihr kostenlos bestellen unter Tel: 05 0259 26500 oder office@top-heuriger.at

QUALITÄT AM TELLER & IM GLAS

Alle Top-Heurigen vereint, dass sie regionale und saisonale Schmankerln auftischen. Oft gibt es eine Geschichte zu den verwendeten Produkten in der Karte. Nicht nur Blunzn und Brettljause stehen darin. Top-Heurige bieten auch vegetarische Alternativen. Nicht nur am Teller, auch ins Glas kommt etwas Besonderes. Mindestens zwei Drittel der Weine müssen Qualitätsweine sein.

ÜBERNACHTEN AM WINZERHOF

Falls der Heurigenbesuch einmal etwas ausgedehnter ausfällt, empfiehlt sich eine Übernachtung vor Ort. Einige Top-Heurigen-Betriebe bieten Zimmer. Infos dazu auch auf **www.top-heuriger.at**

Übrigens: Auf der Website findet ihr auch alle Betriebe mit Übernachtungsmöglichkeit und den Veranstaltungskalender.

WER/WIE/WAS/WANN/WO

PAMELA SCHMATZ

Die Autorin fühlt sich hinter der Kamera genauso wohl wie an den Tasten. Am liebsten ist die Niederösterreicherin unterwegs zu Plätzen, die sonst keiner kennt – um kulturelle Trüffel auszugraben & kulinarische Entdeckungen zu machen. Damit füllt sie ihren Blog **lustaufkrems.com** – ein Projekt, das die ausgebildete Kulturmanagerin im Zuge eines Lehrganges entwickelte. Texten, fotografieren, gestalten – das macht Pamela Schmatz auch im Auftrag von Kunden als ein Teil der **Agentur FRIEDL UND PARTNER** in Tulln an der Donau.

MICHAEL HOROWITZ

Michael Horowitz war langjähriger Chefredakteur des **KURIER freizeit-Magazins** sowie Österreichs erfolgreichstem **Gourmet-Guide „Tafelspitz".** Der in Wien geborene Fotograf, Journalist und Autor verfasste mehr als 20 Bücher, darunter Biografien über H.C. Artmann, Karl Kraus und Helmut Qualtinger. Gemeinsam mit seiner Frau Angelika gründete Michael Horowitz 2002 den Verlag **MHM – Michael Horowitz Media** und veröffentlichte seitdem zahlreiche Bücher, viele mit Niederösterreich-Bezug.

IMPRESSUM

MHM Michael Horowitz Media KG
4893 Zell am Moos, Eibenweg 12
Büro Wien: 1180 Wien, Cottagegasse 10
Tel: + Fax: +43 (0) 1 370 21 00
mhmedia@chello.at
www.lustaufniederoesterreich.com

Konzept, Text + Gestaltung: Pamela Schmatz
Fotografie *(sofern nicht anders gekennzeichnet)*: Rainer Friedl, Pamela Schmatz
Grafik: FRIEDL UND PARTNER, Nibelungengasse 7, 3430 Tulln, www.friedlundpartner.at
Anzeigen-Verkauf: blond. communication GmbH, Kaiser Josef-Straße 21/Top 9, 3002 Purkersdorf, www.blond-communication.at, Druck: DZX Grafik, Ljubljana

ISBN: 978-3-9502889-7-1

2. Auflage – April 2018

Dieses Buch könnt ihr nur in Händen halten, weil viele Menschen, Regionen und Betriebe dazu beigetragen haben. Vielen Dank!

Altes aus Stadt und Land – Gmünd
Artothek Niederösterreich
Bärenwald Arbesbach
Baumhaus Lodge Schrems
Best of Wachau
Café Schubert, Café Emmi &
Vinzenz Pauli
Die Käsemacherwelt
Donauhof – Familie Pichler
Fleischwaren Höllerschmid
framsohn frottier GmbH
Gemeinde Großschönau
Hotel Klinglhuber Krems
Hut-Fritz
Kunstmeile Krems
Landesverband für bäuerliche
Direktvermarkter NÖ
Mohnhof Greßl
Naturladen Eunike Grahofer

nørderd
Pension Kirchenblick Tulln
Raiffeisenbank Krems
Region Kamptal
Romantikhotel Goldener Stern
Sonnentor
Stadt Krems/Donau
Stadt Raabs/Thaya
Stadt St. Pölten
Stadt Tulln/Donau
Stadt Waidhofen/Thaya
Steigenberger Hotel & Spa Krems
Suppendesign OG
Top-Heuriger
Waldviertel Tourismus
Weinbau Mayer Resch
Weingut Müller
Weingut Stoiber

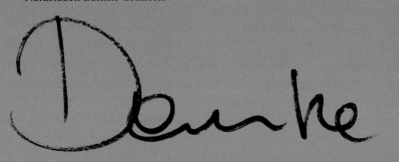

Danke!

... an meine Familie, die das Buch mit viel Geduld und Freiraum unterstützt hat ... an Rainer Friedl für die vielen Fotos ... an Susanne Auer und Dietmar Schulte von FRIEDL UND PARTNER, die diesen Seiten den letzten Schliff gegeben haben ... an Doris Denk, Lisbeth Hurch und Angelika Horowitz fürs Lesen.